Stefan Fröhling – Andreas Reuß

SCHWARZWALD

DUMONT

Titelbild: Landschaft im Breisgau bei St. Ulrich
Umschlaginnenklappe vorne: Hexenlochmühle
Umschlaginnenklappe hinten: Prozession in St. Peter
Umschlagrückseite: Schloß Reichenstein (oben); Fachwerk-Idylle im Schwarzwald (Mitte); Blick auf Freiburg (unten)
Vignette S. 1: Typische Schwarzwalduhr
Abbildung S. 2/3: Freiburg mit seinem berühmten Münster am Westhang des Schwarzwaldes
Abbildung S. 10: Uhrenträger aus dem Simonswäldertal, durch das sich die Deutsche Uhrenstraße schlängelt

Über die Autoren: Stefan Fröhling, geboren 1957, ist als Journalist für Rundfunk, Zeitungen, und Verlage tätig.
Andreas Reuß, geboren 1954, ist Gymnasiallehrer und Autor verschiedener Kultur- und Reiseführer.
Bei DuMont verfaßten beide Autoren das Reise-Taschenbuch »Böhmerwald und böhmische Bäder« und zusammen mit Werner Dettelbacher den Kunst-Reiseführer »Franken«.

2., aktualisierte Auflage 2000

Umschlaggestaltung: Groschwitz, Hamburg
Satz und Druck: Rasch, Bramsche
Buchbinderische Verarbeitung: Bramscher Buchbinder Betriebe

Printed in Germany   ISBN 3-7701-3734-5

INHALT

LAND & LEUTE

Landschaft, Natur und Klima

Geschichte, Wirtschaft und Kultur

UNTERWEGS
IM SCHWARZWALD

Der Nordschwarzwald

Der Mittlere Schwarzwald

Der Südschwarzwald

TIPS & ADRESSEN

Verzeichnis der Karten und Pläne

Routenkarten

Stadtpläne

LAND & LEUTE

»Und man geht nur
ein paar Schritte den
nächsten tannichten
Weg hinein, und
schon bekehrt sich
das Herz zu der ver-
traulichsten Größe.«

Rainer Maria Rilke,
1913

Landschaft, Natur und Klima

Feldberg von St. Peter aus gesehen

Vielfältiger Schwarzwald

Dem Schwarzwaldtouristen bieten sich überraschend vielfältige Möglichkeiten bei der Reisegestaltung. Das beginnt schon bei der Art des Aufenthalts: Denn sowohl kurze Rundreisen als auch längere Aufenthalte mit mehr oder weniger ausschweifenden Ausflügen lohnen sich.

Der Schwarzwald ist eine zentrale mitteleuropäische Kulturlandschaft, in der der Wald eine abwechslungsreiche Naturwelt schuf. Kein Bachtal ist genau wie das andere, jeder Wasserfall, jedes Felsmassiv, jede Lichtung hat ihre Eigenart. Bequeme Wanderwege finden sich ebenso wie aufregende Kletterpfade, Mountainbike-Pisten und Skilanglauf-Loipen. ›Urwald‹-Regionen wechseln mit touristisch perfekt erschlossenen Freizeitanlagen. Und wer Stadtluft schnuppern will, kann kleinere und größere Zentren, ja bedeutsame Städte wie Freiburg, Baden-Baden oder Basel aufsuchen: Aktivität und abgeschiedene Ruhe – alles ist möglich.

Solche Vielfalt widerspricht dem oft einseitigen Schwarzwaldklischee, denn die Palette kultureller Angebote ist breit. Je nach Geschmack kann man sich die gotische Skulptur ebenso erschließen wie die Malerei der Gegenwart. Die Weisen der Volksmusik oder die Kompositionen von zeitgenössischen Künstlern werden auf international bedeutsamen Festivals gleichermaßen zu Gehör gebracht. Wer Lust hat, kann stundenlang in Freiburger Antiquariaten stöbern oder seine Nächte unter freiem Himmel bei Rockmusik durchtanzen.

Freilich ist der Schwarzwald keine ›bessere Welt‹ ohne Probleme; aber ein ›Musterländle‹ zum Reisen ist er schon.

Die Lage

Der Schwarzwald ist Teil des Bundeslandes Baden-Württemberg mit der Landeshauptstadt Stuttgart und wird in den Regierungsbezirken Nordbaden (Karlsruhe) und Südbaden (Freiburg) verwaltet. Karlsruhe, Pforzheim, Baden-Baden und Freiburg sind kreisfreie Städte.

Orientierung bietet eine Gliederung nach geographischen und kulturhistorischen Aspekten. Grob betrachtet bildet der Schwarzwald einen ca. 180 km langen (Karlsruhe – Basel) und bis zu 80 km breiten (Straßburg – Nagold) Mittelgebirgsbuckel, den man in Nordschwarzwald (Hornisgrinde, 1164 m), den Mittleren Schwarzwald mit der Kinzigtalmulde und den höher aufragenden Südschwarzwald (Feldberg, 1493 m) einteilen kann. Im Westen und Süden wird das Gebiet vom Rheintal begrenzt, südöstlich schlängelt sich die Wutach durch die Lande. Am östlichen Rand fließen Nagold und Neckar.

›Steckbrief‹ Schwarzwald

● Geschichtliche Kerndaten

In der Vor- und Frühgeschichte sind nur die Vorlande des Schwarzwaldes besiedelt.
Ab dem 6. Jh. v. Chr. werden keltische Stämme an den Schwarzwaldrändern seßhaft.
Ab 58 v. Chr. wird der Schwarzwald in das römische Weltreich integriert.
Mitte des 3. Jh. n. Chr. übernehmen die Alemannen die Herrschaft über den Schwarzwald. Sie werden Ende des 5. Jh. von den Franken besiegt.
Seit dem 10. Jh. treten Klöster und Adelsfamilien in Erscheinung.
1524/25 ist der Schwarzwald ein Ausgangspunkt des Bauernkriegs.
Ab 1534 werden viele Regionen des Schwarzwalds protestantisch.
1805/06 entstehen das Großherzogtum Baden und das Königreich Württemberg, unter denen der Schwarzwald aufgeteilt wird.
Im 19. Jh. schreitet die Industrialisierung voran, die Bevölkerungszahl wächst.
Während des Dritten Reiches werden die jüdischen Bürger verfolgt.
1951 entsteht das Bundesland Baden-Württemberg.

● Fläche

Der Schwarzwald nimmt als Waldgebirge ca. 6000 km^2 Fläche ein.
Länge: 160 km, Breite: zwischen 30 und 60 km.

● Größere Seen

Schluchsee, Titisee, Nagoldtalsperre, Schwarzenbachstausee, Stausee Kleine Kinzig.

● Berge

Höchster Berg: Feldberg (1493 m).
Weitere Berge: Herzogenhorn (1415 m), Belchen (1414 m), Hochkopf (1263 m), Kandel (1241 m), Hornisgrinde (1164 m).

Wichtige Kulturlandschaften sind u. a. die Ortenau zwischen Baden-Baden und Freiburg, das Markgräfler Land zwischen Freiburg und Basel sowie der Hotzenwald nördlich von Bad Säckingen. Freiburg ›krönt‹ den Breisgau, und das Gebiet um den Feldberg bezeichnet man als den Hochschwarzwald. Südwestlich schließt sich an den Schwarzwald der Klettgau an, Villingen-Schwenningen liegt schon im Schwarzwald-Baar-Kreis. Östlich des Baar-Kreises beginnt die Schwäbische Alb.

Die Landschaft und ihre Entstehung

Wo sich heute Bergwälder ausdehnen, von Flußtälern durchschnitten, sehen Geologen die Hinterlassenschaften von Korallenriffen, seichten Meereslagunen und Brandungsfelsen. Wie sind daraus die heutigen Landschaftsformen des Schwarzwaldes entstanden?

Aus der Erdfrühzeit findet sich im Schwarzwald kaum Gestein. Entscheidend ist vielmehr das Erdaltertum vor 600 bis 200 Mio. Jahren, insbesondere die Phasen des Devon und Karbon. Nach einer ersten Gebirgsbildung folgte vor 300 Mio. Jahren die variskische Faltung (benannt nach dem oberfränkischen Volksstamm der Varisker), die einen wesentlichen Einfluß auf alle mitteleuropäischen Gebirge hatte.

Parallel zur variskischen Faltung drangen heiße Magmamassen durch Spalten an die Erdoberfläche und erkalteten nur sehr langsam zu Granit; u. a. entwickelten sich Glimmer- und Quarzkristalle. Am Blauen See oder am Schluchsee, aber auch bei Triberg und im Nordschwarzwald ist diese Granitart zu sehen. Die häufiger vorhandenen Gneisarten entstanden nun durch hohe Druck- und Temperaturverhältnisse. Weitere Gesteinsarten und ihre Kristalle bildeten sich durch das Aufsteigen mineralhaltiger Gewässer aus dem Erdinneren.

Bis zum Ende des Erdaltertums, also vor 200 Mio. Jahren, war schließlich das variskische Gebirge abgetragen. Danach begann das Erdmittelalter, in dem der Schwarzwald eine Gesteinsdecke erhielt, die vor allem aus Buntsandstein bestand. Anschließend lagerte sich durch Meeresüberflutungen Muschelkalk ab.

Die gesamte Steindecke brach in der Folge auf der Seite des Oberrheingrabens tief ein, während der Rest schräg aufstieg, nämlich im Süden und Westen höher als im Norden und Osten. Der Feldberg wurde am höchsten aufgeschichtet, gegen Norden hin formten sich Mulden (Kinzig) und Sättel. Vom hochgedrückten Südteil rutschte die oberste Decke ab, und das Grundgebirge wurde freigelegt. Diese höheren Stellen ebneten sich im weiteren Verlauf an der Oberseite ein, in den übrigen Teilen entwickelten sich Einbrüche und Treppen. In der Wand, die sich zum Oberrheingraben hin aufrichtete, entstanden tiefe Klüfte, in die sich Flüsse eingruben.

An vielen Stellen stößt man heute noch auf den erwähnten roten Buntsandstein, z. B. in einem Sandsteinbruch bei Emmendingen, wo das Baumaterial für das Freiburger Münster gewonnen wurde.

Weitere Hebungen müssen in der Erdneuzeit, vor allem während der Eiszeiten, stattgefunden haben. Bis vor rund 10 000 Jahren wechselten Warm- und Kaltphasen einander ab und gaben der heutigen Landschaft den letzten Schliff – im wahrsten Sinne des Wortes: Die Schneemassen und besonders die Gletscher bedeckten in den Kaltphasen Berge und Täler, in der jeweils folgenden Schmelzphase rutschten schiebende Eis- und mitgeführte Geröllmassen so an den Felsen herunter, daß sich ihre Spuren im Stein abgezeichnet haben. Entsprechende Linien kann man etwa am Feldberg erkennen. Weitere Eiszeitreste sind einzelne Felsblöcke, sogenannte Findlinge, die von den Gletschern zuerst mitgeschleppt wurden und dann liegenblieben. Auch die hochgelegenen Badeseen, z. B. der Titisee, stauten sich nach der Eiszeit an einer Endmoräne auf, also an einem Wall aus Geröll, den ein Gletscher vor sich hergeschoben hatte.

Nach dem Ende der Eiszeiten konnte sich die Pflanzenwelt wieder ausbreiten: Vergleichsweise spät setzten sich die Bäume durch (zur Flora s. u.), an manchen Stellen machte der vordem angewehte Lößboden die Erde besonders fruchtbar.

Flora: Die Geschichte des Waldes

Die dichten Wälder des Hochschwarzwalds sind keineswegs der Urzustand dieses Mittelgebirges. Zwischen den letzten Kälteperioden, also vor 12 000 bis 8000 Jahren, überwogen in den Bergen und Tälern Gräser und Sträucher. Woher man das weiß?

In einzelnen Biotopen ist die damalige ›Tundra‹-Landschaft heute noch erhalten, und zwar auf den nicht bewaldeten Hochflächen, auf denen nach wie vor ein rauheres Klima herrscht. Bergrücken und Grate in diesen Bereichen boten sich für eine alpine Pflanzenwelt geradezu an. Eine Art der Rasenbinse, der Alpenhelm, der Felsenehrenpreis, die Alpentroddelblume, der Alpenbärlapp und die Alpenheckenrose sind hier zu nennen. Vor allem die Schneeheideflechte, auf dem Feldberg vorkommend, kann nur dort wachsen, wo es lange Zeit keinen Wald gegeben hat. Am Belchen ist der Artenreichtum der Flechten sehr groß – größer als in fast allen Mittelgebirgen Europas. Auf vielen Felsen wächst z. B. die gelbe Landkartenflechte, die zusammen mit der roten Krustenflechte wie eine Landkarte wirkt.

Eine regelrechte ›Pflanzenarchäologie‹ ist nach Untersuchungen des Biologen Herbert Lange aus Freiburg in den Hochmooren oder Quellsümpfen möglich, so z. B. an den Oberläufen von Enz und Murg. In den tieferen Schichten dieser Moore haben sich die Hüllen der Pollenkörner erhalten, weil sie luftdicht abgeschlossen waren. Je weiter man nach oben kommt, desto jüngere Zeitabschnitte der Vegetation lassen sich nachweisen. So kann man sehr genau erkennen, daß sich der Wald erst relativ spät durchsetzte.

In den Mooren und Quellsümpfen selbst konnte er sich jedoch bis heute nicht ausbreiten. Denn hier gibt es Sauerstoff nur relativ nah an der Oberfläche, tiefergehende Wurzeln finden außerdem keinen Halt. Am Rand der Grindenmoorheide, am Schliffkopf im Nordschwarzwald, wachsen immerhin Bergkiefern, ansonsten Gräser, Heidekraut und Binsen. Weitere Moorpflanzen sind der Blaue Sumpfstern, der Fieberklee, der Sumpfbärlapp, der Sonnentau und die Rosmarinheide. Moosbeere und Blumenbinse (mit ihren Früchten) schwimmen fast in ihrer wäßrigen Umgebung.

Vor ca. 10 000 Jahren wurde es insgesamt wärmer, so daß der Wald vorherrschend wurde – zu Zeiten, in denen noch keine menschlichen Spuren nachzuweisen sind. Zuerst wuchsen Birken und Kiefern, dann u. a. Nußbäume, Eschen und Linden. Zwischenzeitlich dominierten Eichenmischwälder das Mittelgebirge. Später kamen Erlen, Buchen, Tannen und Fichten hinzu.

Heute ist der Schwarzwald in fast allen Höhen bewaldet, da seine höchsten Berge die Baumgrenze nicht überschreiten. Die Baumarten sind so vielfältig, daß sie hier nicht aufgezählt werden können. Diese Vielfalt entstand aus den Wärme- und Feuchtigkeitsunterschieden zwischen dem warmen Rheintal, wo es Weinberge gibt, und den fast alpinen Felsregionen auf den Hochflächen.

In den tiefergelegenen Gebieten zur Rheinebene hin und ein Stück in die Flußtäler hinein wachsen Eichen- und Buchenwälder. Ab ca. 600 m Höhe überwiegt die Tanne, dichte Farnbestände breiten sich unter den Wipfeln aus. Im Nordschwarzwald ist die Anzahl der Nadelbaumarten im Wechselspiel mit den erwähnten Mooren ab einer Höhe von 900 m besonders groß: Bergkiefern-, Fichten- und Tannenarten werden von Moor-, Heide- und Strauchgewächsen begleitet. Weiter oben im Mittel- und Südschwarzwald sind mehr die Fichten zu finden, auch der Bergahorn taucht auf. Auf der Ostseite des Gebirgsrückens ist es grundsätzlich trockener, weil sich die Wolken mehr an der Westseite abregnen (zum Klima s. S. 22). Hier haben sich Tannen, Fichten und Höhenkiefern durchgesetzt, die

Der Schwarzwald bei Freiburg

Buchen treten sehr zurück, am Boden breiten sich Beerensträucher aus. Die artenreichsten Waldbereiche sind die Mischbestände aus Tannen, Fichten, Buchen und Bergahorn mit Hochstaudenbewuchs unter dem relativ lichten Blätterdach.

Der heutige Waldbestand spiegelt freilich weder die urtümlichen Landschaftsformen wider, die es im Schwarzwald während oder direkt nach der Eiszeit gab, noch ist er völlig ›naturbelassen‹. Vielmehr ist er von den Eingriffen des Menschen geprägt. Das läßt sich – einmal abgesehen von den Umweltschäden – vor allem an der Häufigkeit der schnellwachsenden Fichten ablesen.

Mitte des 19. Jh. war der Schwarzwald fast völlig entwaldet. Tundra breitete sich wieder aus, weil die Siedler den Wald in jeder Hinsicht ausgenützt hatten: Sie benutzten ihn als Brennstoff-, Harz-, Holzkohle- und Futterlieferant. Man trieb das Vieh hinein, um zusätzliche Weidemöglichkeiten zu gewinnen, wenn die auf den Rodungen geschaffenen Wiesen nicht mehr ausreichten. An vielen Stellen siedelten sich Köhler an; in Glashütten wurden riesige Mengen Holz für die Herstellung von Pottasche und das Schmelzen von Glas verbraucht. Besonders viele Bäume wurden für die Eisengewinnung abgeholzt. Schließlich wurden die hochwertigen Stämme von Flößen

Verhaltensregeln in Naturschutzgebieten

In den Naturschutzgebieten, z. B. am Belchen oder am Feldberg, werden Besucher von der Baden-Württemberger Naturschutzverwaltung um einige Verhaltensregeln gebeten:

Bitte mit öffentlichen Verkehrsmitteln anreisen. Im Gebiet selbst auf den ausgewiesenen Wegen bleiben, mit dem Fahrrad nur auf befestigten Wegen von mindestens 3 m Breite fahren. Um die Tiere nicht zu stören, bitte auf jeglichen Lärm verzichten.

Verboten ist im Naturschutzgebiet das Gleitschirm- und Drachenfliegen, auch Flugmodelle dürfen nicht aufsteigen. Lagern, Camping und Feuermachen ist nur auf den vorgesehenen Plätzen erlaubt, das Pflücken, Ausgraben oder Beschädigen von Pflanzen ist ganz verboten, da im Naturschutzgebiet grundsätzlich alle Pflanzen geschützt sind. Tiere dürfen selbstverständlich nicht gefangen oder gar getötet werden. Mitgeführte Hunde müssen an die Leine. Alle Abfälle mit nach Hause nehmen.

über den Rhein bis nach Holland oder weiter transportiert.

Als im 19. Jh. der Rohstoff Holz verbraucht war und neue Formen der Energiegewinnung (Kohle) aufkamen, wurden strenge Waldschutzbestimmungen aufgestellt, und man ging allgemein an die Wiederaufforstung. Zu diesem Zweck pflanzte man Fichten an, die sich gut von selbst ausbreiten und schnell hochwachsen. Andererseits sind sie sehr wind- und schneebruchgefährdet, und Fichten-Monokulturen (also reine Fichtenwälder) übersäuern den Boden und erlauben keine Artenvielfalt. Diese kann man aber durch das Anpflanzen von Laubbäumen und andere geschickte waldgärtnerische Maßnahmen wiederherstellen.

Erst 1990, also 150 Jahre nach der Abholzung, waren zwei Drittel der Gesamtfläche wieder bewaldet. Davon sind fast 50 % Fichten, über 20 % Tannen und 10 % Kiefern, so daß der Nadelholzanteil bei ca. 80 % liegt. Bei den Laubbäumen haben die Buchen (13 %) und die Eichen (3 %) den größten Anteil.

Fast ein Drittel des Schwarzwaldes gehört heute dem Staat (Land Baden-Württemberg), die beiden anderen Drittel sind Eigentum der Körperschaften (z. B. Gemeinden) und der landwirtschaftlichen Betriebe. Ungefähr 4 % der Fläche gehören zum mittleren und größeren Privatwaldbesitz von Gutsbesitzern oder Adelsfamilien (Angaben nach Herbert Lange, Schwarzwaldbuch).

Fauna: Vögel, Wild und Würmer

Mit der Wiederaufforstung im 19. Jh. kamen auch die Waldvögel und viele andere Tierarten zurück, die den Baum und seine entsprechende Begleitvegetation als Lebensraum benötigen. Insbesondere manche Meisenarten (Tannenmeise), Finken und Spechte sind vom Wald bzw. von ganz bestimmten Baumarten abhängig. Da der Schwarzwald enorm viele Waldbedingungen mit kälteren und wärmeren, feuchteren und trockeneren, höhergelegenen und talartigen Zonen aufweist (s. S. 17), ist die Vogelwelt – und insgesamt die Tierwelt – ähnlich vielfältig wie die Pflanzenwelt.

Der Biologe Herbert Lange nennt u. a. zwei Vogelarten, die in Mitteleuropa nur in den Alpen, den Vogesen und im Schwarzwald vorkommen: den Zitronengirlitz, der in über 1000 m Höhe brütet, und eine Art der Ringdrossel, die Höhen über 1100 m bewohnt. Bussard und Rotmilan sind im Schwarzwald genauso häufig wie sonst im mitteleuropäischen Raum, der Auerhahn ist mittlerweile selten geworden.

Manche Vögel und Insekten brauchen als Lebensgrundlage alte, ja sogar sterbende Bäume. Der Rauhfußkauz z. B. brütet in alten Bäumen, die vorher schon von Spechten ausgehöhlt worden sind.

Ganz oben auf der Beliebtheitsskala bei Schwarzwaldwanderern stehen Rehe und Hirsche. Sie werden aber immer wieder durch die Jagd in ihrer Verbreitung eingeschränkt, damit sie nicht der Vegetation zu sehr schaden und damit letztlich ihren eigenen Lebensraum zerstören. Das gilt auch für die Gemse, die im Schwarzwald in

Ein echter »Schwarzwälder«

den 1930er Jahren wieder ausgesetzt wurde.

Bei den vielen Klein- und Kleinstlebewesen, die im Schwarzwald beheimatet sind, sei hier beispielhaft auf den Badischen Regenwurm verwiesen. Er kommt im Südschwarzwald vor und erreicht außergewöhnliche Ausmaße. Wie eine Schlange sieht er aus, wenn er mit seiner Länge von einem halben Meter und seinem Durchmesser von einem Zentimeter dem normalen Regenwurm Konkurrenz macht (nach Herbert Lange, Schwarzwaldbuch).

Wechselhaftes Klima

Den überregionalen Vorhersagen zum Schwarzwaldwetter ist nicht immer zu trauen. Oft kommt es anders als vorhergesagt! Dies ist gerade dann ärgerlich, wenn man sich aufs Wandern, Radfahren oder Baden eingerichtet hat. Wegen eines unvorhersehbaren Regenschauers oder überraschenden Gewitters sollte man sich deshalb immer mit entsprechender Kleidung ausrüsten. Badefreunde können aber auch bei regnerischem Wetter Taucherbrille und Schwimmflossen mitnehmen.

In den unterschiedlichen Regionen des Schwarzwalds herrscht oft eine ganz eigene Wetterlage, die mit der überregionalen nicht übereinstimmt. Die Freiburger Temperaturen werden recht häufig im Fernsehen genannt, da es sich um eine der wärmsten Zonen Deutschlands handelt.

Das warme Klima dieser Region wird zusätzlich durch die südwestlich in Frankreich gelegene Burgundische Pforte (Ebene zwischen den Alpen und den Vogesen) erwärmt. Durch sie dringen heiße Luftströme in den Norden, bis ins Rheintal, und gelangen über die Schwarzwaldrandtäler auch in größere Höhen. Daher setzt der Frühling in der Rheinniederung schon Mitte April ein, während es auf den Bergen noch einen ganzen Monat länger dauern kann, bis die Apfelbäume blühen.

Der Schwarzwald liegt mitten im Einflußbereich westlich-atlantischer, östlich-kontinentaler und südlich-tropischer Luftmassen. Islandtiefs, Azorenhochs und sibirische Kälte können jeweils bestimmend werden. Da sich diese Einflüsse ausgleichen und vermindern, bis sie den Schwarzwald erreicht haben, hat man es dort mit einem insgesamt gemäßigten Klima zu tun, wo die Winter relativ mild und die Sommer nicht so heiß werden – von lokalen Unterschieden abgesehen, wie gesagt.

Am häufigsten scheint die Sonne im Rheintal auf der Süd- bzw. Westseite des Schwarzwalds, und zwar durchschnittlich bis zu 1800 Stunden pro Jahr. In schattigen Oberlandtälern kann die Sonnenscheindauer auf 1500 Stunden zurückgehen. Der sonnigste Monat ist jedenfalls der Juli. Entsprechend verhält es sich mit den Durchschnittstemperaturen: In Freiburg kann die Temperatur im Juli durchschnittlich 20° C erreichen, auf dem Feldberg sind es nur 10° C.

Die regenreichsten Monate sind die Sommermonate, wobei Freiburg und Baden-Baden nur einen Monatsdurchschnitt von 120 mm erreichen, während auf der Hornisgrinde im Nordschwarzwald im Juli über 200 mm durchschnittlich abregnen. Höhenlagen sind nicht zwangsläufig gleichbedeutend mit mehr Kälte, vor allem nicht im Winter. Zwischen November und März kann es passieren, daß in engen Tälern nachts die Kälte von den Bergen heruntersinkt und sogenannte Kaltluftseen bildet, über denen wärmere Luft lagert. Manchmal gibt es in der oberrheinischen Tiefebene im Winter außerdem eine Sperrschicht zwischen der tiefliegenden Kaltluft und der darüber ruhenden Warmluft, so daß sich der entstehende Nebel auch noch mit Schadstoff-Emissionen anreichert. Wer höher hinaufsteigt, hat einen herrlichen Fernblick über die Nebelmeere.

Klimatisch ideal sind also die auf Terrassen gelegenen Kurorte wie Badenweiler, die noch von der Talwärme profitieren, aber Frischluft über die ansteigenden Waldhänge beziehen. Ähnlich verhält es sich mit den Luftkurorten im Hochschwarzwald oder den Kurbädern auf der Nord- bzw. Ostseite des Gebirges.

Das milde Klima in Freiburg läßt die Bäume früh erblühen

Unliebsame klimatische Bedingungen muß man nicht einfach ertragen. Manchmal kann man ihnen durch einen kurzen Ausflug ein Schnippchen schlagen:

Wer mit den Weintrauben in der Hitze ›mitbrüten‹ will, kann im Rheintal bleiben, wer die Kühle sucht, mag sich in die engen Täler des Hochschwarzwalds, unter die Wasserfälle der Wutachschlucht, begeben oder ein angenehmes Bad im Titisee bevorzugen. Wem es zuviel regnet, der hat auf der Ostseite, bei Rottweil oder Villingen, die allerbesten Chancen, der Nässe zu entgehen.

Thermalkultur seit den Römern

Daß Wärme auf nackter Haut manches Wunder tut, wußten schon die Römer. Für ihre kälteren Nordprovinzen hatten sie sich raffinierte Heizungstechniken ausgedacht, mit Fußbodenheizung und in der Wärme gestaffelten Becken oder Dampfbädern nach der sogenanntan Hypokaust-Technik, was soviel bedeutet wie »Wärme von unten«. Vor allem in Badenweiler, 214 n. Chr. von Kaiser Caracalla lobend

Römisches Bad in Rottweil ...

erwähnt, sind noch Reste der Badegebäude zu studieren. In Rottweil sind ebenfalls noch eindrucksvolle Reste eines römischen Bades erhalten. Im Mittelalter kannte man zwar Badestuben oder Badehäuser, in denen man baden, essen oder miteinander reden konnte, aber die ausgeklügelte römische Thermalkultur erlebte ihren Niedergang. Bisweilen wurden die römischen Anlagen sogar als Steinbruch benutzt, z. B. in Badenweiler, wo man die antiken Badegebäude erst 1784 unter mächtigen Schutthalden wieder freilegte.

Nur langsam besann man sich auf die römische Thermalkultur: Im Spätmittelalter, im Jahre 1535, erwähnte Paracelsus die »Tugend« (gemeint war die medizinische Heilkraft) der Schwarzwaldbäder, insbesondere in Baden-Baden und Bad Wildbad. Seiner Meinung nach rührte diese Heilkraft aus dem Kalkstein, den die Grundwasserbäche vor ihrem Austritt an die Oberfläche durchlaufen.

Und von Herzog Karl Eugen von Württemberg, dem ›Zensor‹ Schillers, ist bekannt, daß er sich beim ›Kuren‹ in Wildbad in die schöne Franziska verliebte, sie ihrem Mann wegnahm, um sie später, nach

... und Thermalbad heute in Bad Krozingen

dem Tod seiner eigenen Frau, zur Herzogin zu machen. Ein früher Kurschatten vielleicht.

Aber erst im 19. Jh. kam die Bäderkultur im Schwarzwald wieder richtig zum Erblühen. Ein Badaufenthalt wurde zur ›Urlaubsform‹ der feinen Gesellschaft schlechthin, und alle, alle kamen: Allein in Badenweiler gaben sich die Literaten René Schickele, Gustav Schwab, Anton Tschechow, Stephen Crane, Annette Kolb und Emil Strauß dem angenehmen und gesunden Kurleben hin.

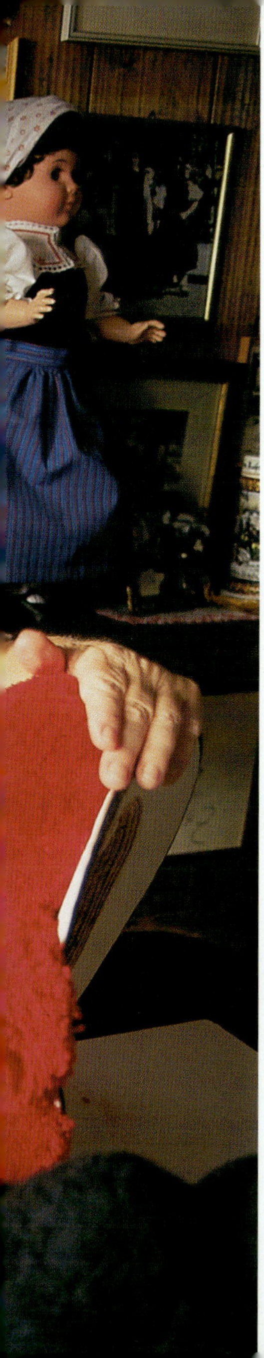

Geschichte, Wirtschaft und Kultur

Schwarzwaldgeschichte im Überblick

Ausbeutung der Natur – der Holzhandel

Konservativismus und Protestkultur

Knöpfle, Kirschtorte und Kirschwasser

Bollenhutmacherin in Gutach

Schwarzwaldgeschichte im Überblick

Der »Schwarzwald« ist kein historischer Begriff, auch wenn es auf seinem Gebiet viele geschichtliche Zeugnisse gibt. In der Geschichtswissenschaft spricht man eher von der schwäbisch-alemannischen, der fränkischen und österreichischen, der badischen und der württembergischen Geschichte. Dabei stehen die verschiedenen Herrscherhäuser im Vordergrund, z. B. die Zähringer, die Habsburger, die Markgrafen von Baden, die Württemberger und viele weitere größere oder kleinere Adelsfamilien.

Trotzdem ist es möglich, die Geschichte der Kulturlandschaft Schwarzwald, in der die Ursachen und Wirkungen verschiedenster historischer Einflüsse auftauchen, in einem Zusammenhang darzustellen. Oft ist es jedoch nötig, die geschichtlichen Ereignisse der ganzen südwestdeutschen Region in den Vordergrund zu stellen, um darüber auf die geschichtlichen Auswirkungen auf den Schwarzwald zu kommen – in mehr oder weniger großen Ausmaßen. Für die Hirsauer Klosterbewegung und den Bauernkrieg spielt der Schwarzwald beispielsweise eine zentrale Rolle, während er für die Industrialisierung nur von untergeordneter Bedeutung war.

Von der Jungsteinzeit bis zur Hallstattzeit

5000–800 v. Chr.

In der **Jungsteinzeit** (5000 v. Chr.) ist der Schwarzwald fast menschenleer. Dennoch ist jene Epoche erwähnenswert, weil es aus der Umgebung, insbesondere der Schwäbischen Alb, sehr bedeutende Funde aus der Steinzeit gibt. Am Rand des eigentlichen Schwarzwalds muß es jedenfalls schon im 4. Jt. v. Chr. Bauern gegeben haben.

Auch aus den ersten **Metallzeit-Epochen,** der Bronzezeit oder der Hallstattzeit, sind nur Funde von den Randgebieten des Schwarzwalds (südlich, bei Bad Säckingen) bekannt.

Kelten

600 v. Chr.– Christi Geburt

Ab dem 6. Jh. treten die **Kelten** mit ihrer höher entwickelten Kultur an den Schwarzwaldrändern ganz massiv auf. Wenn man heute das Wort »Kelten« hört, denken die meisten zuerst an Irland oder Großbritannien; die eigentliche Stammlandschaft dieses Kulturvolks, das an der Schwelle zur Schriftentwicklung stand, war jedoch ein Gebiet, das sich von Ostfrankreich über den Schwarzwald und Bayern bis nach Westböhmen erstreckte.

Aus dem 2. Jh. v. Chr. kennen wir eine Reihe von keltischen Höhensiedlungen und Städten, die sogenannten Oppida. Ein Beispiel dafür ist im Schwarzwald die Anlage Tarodunum bei Kirchzarten. Darüber hinaus legen die Kelten Viereckschanzen an und verehren in der Natur Plätze wie Quellen, Schluchten, Felsen oder alte Bäume. Bei Villingen (Magdalenenbergle) gibt es ein großes keltisches Fürstengrab.

Kurz vor Christi Geburt wurde die keltische Bevölkerung sowohl von den Germanen als auch von den erobernden Römern verdrängt, wohl weil die keltischen Familien- bzw. Stammesverbände keine geschlossene Einheit bildeten. In Irland und auf den Britischen Inseln entstehen keltische Siedlungen, die später das Christentum übernehmen. Im 7. Jh. kommen die reiselustigen irischen Mönche mit ihrem urtümlichen, keltisch geprägten Christentum auf den Kontinent zurück, wo die Franken die christliche Religion bereits ›von oben‹ herab, auf staatlich-imperiale Weise (von den

Die Benedektinerabtei St. Trudpert geht auf das 7. Jh. zurück

Die Römer in Germaniens Südwesten

»Andere mögen Gebilde aus Erz wohl weicher gestalten, dünkt mich, und lebensvoller dem Marmor die Züge entringen, besser das Recht verfechten und mit dem Zirkel des Himmels Bahnen berechnen und richtig den Aufgang der Sterne verkünden: du aber, Römer, gedenke die Völker der Welt zu beherrschen und schaffe Gesittung und Frieden, schone die Unterworfenen und ringe die Trotzigen nieder.« Viel schöner haben andere auch in der Moderne nicht mehr gedichtet, als es der Römer Vergil (70–19 v. Chr.) hier in seiner »Aeneis« (begonnen 29 v. Chr.) tat. Es scheint, als habe er den unvergleichlichen Kulturhöhepunkt, den die Regierungszeit des Kaisers Augustus (43 v. Chr.–14 n. Chr.) einleitete, weit vorausgesehen. In der Tat waren die folgenden zwei Jahrhunderte unter römischer Herrschaft mit die glücklichsten, die es in der Menschheitsgeschichte gegeben haben mag: Augustus und Tiberius hielten sich mit Eroberungskriegen zurück, nur die Grenzen des Weltreichs sollten gesichert werden. Die Barbaren, die sich nicht unterwarfen, konnten auch nicht die Vorzüge der römischen Welt genießen: das durchgehend ausgebaute Straßennetz, das Post- und Transportsystem, weitreichende Handelsbeziehungen und große Geschäfte, eine stabile Währung, die griechische (Osten) und lateinische ›Weltsprache‹ der Gebildeten – und nicht zuletzt die Freuden der

Römern übernommen) durchgesetzt haben. Die ›Iren‹ schaffen es, die Menschen durch ein klösterlich-vorbildliches Leben ›von unten‹ zu erreichen. Im Schwarzwald wirkt wahrscheinlich der hl. Trudpert aus Irland im 7. Jh. auf diese Weise (s. S. 174). St. Cyriakus in Sulzburg, obwohl erst im 10. Jh. gegründet, vermittelt einen Eindruck von dieser ›irischen‹ Zeit (s. S. 176).

Römer

Christi Geburt–3. Jh. Ab 58 v. Chr. dringen die **Römer** immer mehr zum Schwarzwald hin vor. Schließlich beherrschen sie das Gebiet, das den Grenzen ihres Reiches (Limes) nahe kommt. Sie bauen

Bäderkultur. An den schönsten Plätzen am Rand des Schwarzwalds wurden herrliche Villen für die regionalen Herrscher gebaut, unter anderem bei Laufenburg die *villa rustica,* ein Gutshof auf einer Terrasse über dem Rhein, mit Wandmalereien, Fußbodenmosaiken und Inschriften. Die schönsten Plätze liegen eben immer etwas oberhalb der Stadt, nicht zu weit entfernt, aber den Blick auf die Landschaft freigebend – entsprechend den sieben Hügeln Roms. Darüber hinaus legten die Römer immer wieder Kastelle an und zogen Straßen sogar über den Hochschwarzwald, so die Römerstraße von Straßburg nach Rottweil über Schiltach (74 n. Chr.).

Die Germanen rechts des Rheins wehrten sich bekanntlich gegen die Römer und trugen später zum Untergang des Reiches bei. Andererseits zögerten die Römer selbst immer wieder, das Gebiet nördlich der Donau und rechts des Rheins ganz zu erobern. Caesar (100–44 v. Chr.) hegte diesen Plan, wurde jedoch vor dessen Ausführung ermordet. Unter Augustus wurden 15 v. Chr. erst einmal die Alpen erobert und Vorposten am Rhein aufgestellt. Tiberius (14–37 n. Chr.) wollte das rechtsrheinische Germanien nicht mehr erobern. Also wurden nur die Grenzen gesichert und Straßen gebaut, so daß der Grenzverkehr mit dem freien Germanien funktionieren konnte. Im 3. Jh. bedrohten die Alemannen wiederholt die römischen Grenzen. Innere Streitigkeiten und andere Bedrohungen führten schließlich um 260 n. Chr. zum Rückzug der Römer an Rhein und Donau. Im 5. Jh. gaben sie das Gebiet nördlich der Alpen ganz auf, als die Alemannen und Goten bis nach Italien vordrangen.

u. a. Gutshöfe, Badeanlagen und Villen am Rand des Schwarzwalds, eine gut ausgebaute Straßenverbindung geht mitten hindurch (s. o.). Der innere Schwarzwald bleibt unbewohnt.

Alemannen und Franken

3.–10. Jh. In der Mitte des 3. Jh. n. Chr. dringen die **Alemannen** in das Gebiet zwischen Rhein und Bodensee ein und beenden die Herrschaft der Römer. Seitdem ist dieser Teil Südwestdeutschlands vom Alemannischen geprägt. 496 besiegen die **Franken** unter Chlodwig die Alemannen. Sie zwingen die Besiegten, die fränkische Herrschaft der Herzöge und

Gaufürsten anzuerkennen. Die nördlichen Vorlande werden darüber hinaus von fränkischer Bevölkerung besiedelt, was sich noch heute in einer Dialektvariante zeigt. Die Besiedlung ist insgesamt sehr dünn, nur einzelne Höfe oder Hofgruppen verteilen sich in der unbesiedelten und unbearbeiteten Natur, der Wald bleibt in großen Teilen unberührt.

Die Besiedlung des Waldgebiets vom Rand her geht vor allem von Klöstern aus, die vom 7. Jh. an von irischen, schottischen und fränkischen Missionaren gegründet werden. Rodungen und die weiträumige Besiedlung setzen im 11. Jh. ein und erreichen bis zum 14. Jh. einen Höhepunkt.

Die ältesten Ortsnamen enden auf »-ingen« oder »-heim«, dann folgen die Gründungen auf »-weiler«, »-dorf«, »-stetten« und »-hofen«, später lauten die Endungen »-ach«, »-bach«, »-berg« und »-au«, die letzten Rodungen, die den Wald ›verschwinden‹ lassen, enden mit »-schwend« oder »-schwand«. Zuerst siedeln die Menschen in den Tälern, dann auf den höhergelegenen Flächen. Die Waldwirtschaft läßt letztlich kein Stück des Waldes ungenutzt.

Im Jahr 868 taucht im St. Galler Urkundenbuch der Name »saltus Svarzwald« auf. Diese Charakterisierung als »schwarzer Wald« weist auf negative Sinneseindrücke hin, die die Menschen bei dessen Anblick empfanden, z. B. die Gefährlichkeit, die Undurchdringlichkeit oder gar das Walten finsterer Mächte. Diese Vorstellungen bleiben bis ins 18. Jh. bestehen.

Kloster- und Adelsherrschaften

10.–16. Jh. Nach dem Zerfall der fränkischen Herzogsherrschaft im 10. Jh. beginnen zunächst die **Klöster**, Machtzentren aufzubauen (Hirsau, St. Trudpert, St. Blasien usw.), indem sie ihr Umland weiter erschließen und besiedeln lassen. Spätestens ab dem 12. Jh. kommen einzelne Adelsfamilien hinzu (Zähringer, Staufer, Habsburger, Markgrafen von Baden, Grafen von Württemberg und kleinere Familien). Unabhängig von ihnen können sich im 13. Jh. einzelne Städte als Reichsstädte etablieren (Offenburg, Zell oder Gengenbach).

Nach dem **Aussterben der Zähringer** (1218) und der **Staufer** (1268) zersplittert der Herrschaftsbereich der einzelnen Grundherren stark, weil die zentralen Dynastien fehlen.

Kriege und Reformation

16.–19. Jh. Das Regiment der zersplitterten Herrschaften wird zunehmend als ungerecht wahrgenommen. Einige Großbauern fühlen sich selbst wie ›Herren‹, andererseits haben Kleinbauern, Knechte, Mägde und Bergarbeiter sehr wenige Rechte. Doch alle, auch die Großbauern, gelten nach wie vor als Leibeigene.

Die verschiedenen Lehnsherren – Fürsten, Ritter und Grundherren – fordern von ihren Untertanen unterschiedlich hohe Abgaben. Diese Ungerechtigkeiten führen besonders im Schwarzwald und dann in ganz Süddeutschland zum **Bauernkrieg**, der 1525 seinen Höhepunkt erreicht. Am 18. November 1524 fordern die Bauern in 12 bzw. 62 Artikeln u. a. die Einschränkung der Frondienste und die Abschaffung von Sondersteuern. Auch soll der Grundherr keinen Untertanen beerben können, wenn noch Verwandte am Leben sind.

Die adeligen und geistlichen Herren (Klöster) sind mit ihrem Bewußtsein von der gottgewollten Macht ihrer Familien noch so in den mittelalterlichen Strukturen verhaftet, daß ihnen allein die Forderungen der Bauern als ein Rütteln an der Weltordnung erscheinen. Also rotten sich die Bauern zu Haufen zusammen und stürmen Burgen, Schlösser und Klöster, im Schwarzwald vor allem zwischen Freiburg und Rottweil. Schon im Sommer 1525 sind die Bauern besiegt und werden von den adeligen Herren grausam bestraft; die Abgabenregelungen werden z. T. jedoch gerechter gestaltet.

Ab 1534 führt Herzog Ulrich von Württemberg die **Reformation** ein, so daß in seinem Land alle Untertanen zum Protestantismus überwechseln müssen. Ähnlich geschieht es auch in anderen Regionen des Schwarzwalds, denn allgemeine Regel ist, daß der Fürst die Konfession seiner Untertanen bestimmen kann. Der größte Teil des Schwarzwalds bleibt jedoch katholisch, was heute noch an den Marien- und Heiligenbildern in den Bauernstuben zu sehen ist. In den protestantischen Gebieten entwickeln sich jedoch interessante Einzeltraditionen, z. B. die Förderung einer Schule im ehemaligen Kloster Maulbronn (s. S. 53), die so bekannte Absolventen wie Kepler, Hölderlin und Hesse (s. S. 55) haben wird.

Vom 14.–16. Jh. werden immer wieder jüdische Bewohner aus dem Schwarzwald ausgewiesen. Im **Dreißigjährigen Krieg** (1618–1648) fordern die häufig aufflammenden Kämpfe viele Opfer. Vor allem im Breisgau und in den badischen Markgrafschaften sterben fast drei Viertel der Gesamtbevölkerung im Krieg oder an dessen Folgen (Seuchen, wirtschaftlicher Notstand).

Nach dem Ende des Dreißigjährigen Kriegs wird der Schwarzwald ab den 1670er Jahren in die **Kriege des französischen Königs Ludwig XIV.** hineingezogen, bis 1748 zusätzlich in die **Österreichischen Erbfolgekriege.**

Industrialisierung

19. Jh. Nach der **Französischen Revolution** wird im Jahr 1805 ganz Europa neu geordnet und der Schwarzwald in das Großherzogtum Baden und das Königreich Württemberg aufgeteilt. Der Adel verliert insgesamt an Bedeutung.

Durch Verbesserungen in der Medizin beginnen die Bevölkerungszahlen Anfang des 19. Jh. zu steigen. Außerdem weitet sich der Handel aus, da sich die Produktions- und Transporttechniken stark verfeinern. Das gilt auch für die Uhrenindustrie oder den Bergbau. Der Stand des Kaufmanns und des Manufaktur- oder Fabrikbesitzers gewinnt enorm an Bedeutung.

Aber noch bleiben die neuen Arbeitsmöglichkeiten hinter dem Anstieg der Bevölkerungszahlen zurück. Soziale Probleme wie Arbeitslosigkeit und Obdachlosigkeit treten in der beginnenden Massengesellschaft auf. Bei Bauern und Handwerkern erbt jeweils der älteste Sohn den Betrieb, die anderen Söhne – Frauen haben ihr Auskommen fast ausschließlich als Hausfrauen und Mütter – suchen Arbeit in den anwachsenden Städten. Doch nur ein kleiner Teil von ihnen findet einen Arbeitsplatz. Der Rest leidet Hunger, viele wandern aus. 1815 beginnt im Schwarzwald eine größere Hungersnot, die während der ganzen ersten Hälfte des 19. Jh. andauert.

Aus der Masse der arbeitslosen Jungdeutschen wachsen revolutionäre Bewegungen, die u. a. eine geeinte deutsche Nation (mit Auflösung der einzelnen Adelsherrschaften) fordern. Höhepunkt ist die **Badisches Revolution** mit bewaffneten Aufständen in den Jahren 1848/49, denen allerdings eine Zeit der Resignation folgt. Immerhin verbessert sich die soziale Situation in dem Maße, in dem die Industrialisierung voranschreitet: 1809 entsteht eine erste Maschinenfabrik im ehemaligen Kloster von St. Blasien. Drei Jahre nach dem Bau der ersten Eisenbahnstrecke Deutschlands (Nürnberg – Fürth, 1835) entsteht die Zugstrecke Mannheim – Basel. Die Eisenhütten werden technisch ausgebaut, 1870 jedoch stillgelegt. Die Glashütten verstärken seit dem 18. Jh. ihre Produktion; die damals am meisten zukunftsweisende Textilindustrie faßt im Schwarzwald Fuß und breitet sich aus, bis sie zu Beginn der 1990er Jahre in eine schwere Krise gerät.

Südwestdeutsche Zeitgeschichte

1871– Gegenwart Seit dem **Krieg gegen Frankreich** (1870/71) gehört der Schwarzwald zum **Deutschen Reich,** und ein gewisser Aufschwung in Landwirtschaft, Handwerk und Kleinindustrie festigt die Verhältnisse. In dieser Zeit wird das Bild vom idyllischen Schwarzwald geprägt, u. a. durch den wachsenden, auch internationalen Tourismus. 1864 gründet sich der Badische Schwarzwaldverein, 1884 der Württembergische (Zusammenschluß 1934). Ziele sind vor allem, das Waldgebirge bekannt zu machen und das Wandern zu fördern.

1933 stimmen über 40 % der Bevölkerung im Schwarzwald für die Nazis. Auch hier setzen Verfolgungen gegen Bürger jüdischen Glaubens, aber auch gegen bekennende Christen oder politisch Andersdenkende ein. In den 1940er Jahren werden viele Deutsche und Menschen aus den einverleibten Gebieten in Konzentrationslagern grausam ermordet. Im Schwarzwald werden traditionsreiche jüdische Gemeinden, z. B. Sulzburg, ausgelöscht.

1951 entsteht das Bundesland Baden-Württemberg als Teil der Bundesrepublik Deutschland. 1973 wird hier die (Gemeinde-) Gebietsreform durchgeführt. Seit den 70er und 80er Jahren hat sich im Schwarzwald eine starke Umweltschutzbewegung formiert, die vor allem das Waldsterben und den Einsatz der Atomkraft anprangert. Für Reisende wurde der Schwarzwald ab Mitte der 90er Jahre durch die offenere Grenze zum EU-Partner Frankreich (Schengener Abkommen) touristisch noch attraktiver.

Ausbeutung der Natur – der Holzhandel

Holzverarbeitung und -handel waren im Schwarzwald naturgegebene Wirtschaftszweige, da die Bauern die Flächen, auf denen sie etwas anbauen wollten, zuvor meist roden mußten (zur Waldgeschichte, s. S. 17).

Die gefällten Stämme wurden vorrangig als Bau- und Brennholz verwendet. Für den Bau eines größeren Schwarzwaldhauses in traditioneller Bauweise (s. S. 37) benötigte man fast 300 Baumstämme. In den fertigen Höfen wurden im Winter nur die Küche und die allgemeine Stube geheizt, wofür man wiederum eine ähnliche Menge an Baumstämmen verbrauchte. Weiteres Holz ging ebenfalls als Bau- und Brennholz in die Städte, außerdem verlangten die Bergwerke nach Grubenholz. Köhler, Eisen- und Glashütten verbrannten das vor Ort oder in der näheren Umgebung vorhandene Holz, wertvolle Stämme mußten die Flößer in entfernte Gebiete, insbesondere nach Holland, liefern.

Die Flößerei war vom Spätmittelalter bis ins 19. Jh. hinein eine wichtige Transportart und ein bedeutender Wirtschaftszweig. Im Hochmittelalter war es mehr ein Abschwemmen des Brennholzes (kürzere, nicht so dicke Scheite) aus den höheren Schwarzwaldregionen, im Spätmittelalter kam das Flößen von Langholz auf. Transportiert wurde es z. B. über die Nagold- und die Kinzig-Flußsysteme. Im 18. Jh. gründeten sich große Unternehmensgesellschaften, die Tausende von Hektar Wald besaßen und vor allem mit den holländischen Schiffbauern lukrative Geschäfte abschlossen. Die Gesellschaften organisierten auch die Flößerei. Herbert Lange weist in seinem »Schwarzwaldbuch« darauf hin, daß die geflößten Baumstämme 18 bis 21 m lang und am oberen Ende noch 40 cm dick sein mußten. Die Flöße wurden mit Hilfe von ca. 140 000 Tannenstämmchen zusammengebunden und mit über 5000 Flößerstangen dirigiert. Fast 40 000 Baumstämme wurden auf diese Weise geflößt.

Dem ökologischen Gleichgewicht war diese starke Nutzung des Waldes natürlich nicht zuträglich. Vielleicht wäre ihr der Wald sogar ganz zum Opfer gefallen, wäre nicht der Langholzbedarf zurückgegangen, da die Schiffe schließlich nicht mehr aus Holz gebaut wurden. Nicht nur Hunderttausende von Festmetern (große, dicke Holzstämme) wurden im Wald geschlagen; es fielen auch große Mengen an Ästen und kleineren Bäumen an, die nicht geflößt wurden, sondern einfach als Brennholz im Kamin landeten.

Darüber hinaus veränderte sich die natürliche Waldstruktur völlig, da erst einmal alle Bäume in der Nähe von Flüssen oder Bächen gefällt werden mußten. Auf den entstandenen Kahlflächen ließen die

Das Schwarzwaldhaus

Schwarzwaldhäuser gelten dem Schwarzwaldbesucher als das Idyll schlechthin: Gemütlich sind sie, und die bäuerlichen Besitzer scheinen sie von Hand gemacht zu haben. Dabei hätten früher die meisten Bauern sofort auf Handarbeit verzichtet, wenn sie Waschmaschine, Traktor und Zentralheizung gehabt hätten.

Kurze Wege waren für den Schwarzwaldbauern arbeitserleichternd, und er mußte sparsam heizen. So wurden die einst nebeneinanderliegenden Gebäude zum Wohnen, für die Viehhaltung und das Speichern von Getreide unter einem Dach vereint. Auf diese Weise entstanden riesige Holzhaus-Konstruktionen, die Ständer-Bohlen-Bauten, immer mit großen Firstsäulen, die am Erdboden begannen und bis zum Dach hinaufragten, um es zu stützen. Das Dach selbst war mit Stroh gedeckt, was später verboten wurde, weil es leicht Feuer fing. Deshalb sind solche Strohdächer heute fast nur noch an Museumshäusern zu besichtigen.

Das prächtigste Beispiel eines Schwarzwaldhauses ist der »Vogtsbauernhof« von 1570, der im Gutacher Freilichtmuseum den Typ des Gutacher Hauses vertritt. In diesem Landesteil herrschten die Herzöge von Württemberg, die 1568 eine Bauordnung erließen, nach der sich natürlich auch das Haus des Vogtes zu richten hatte. Nach dieser Bau-

ordnung sollte die Küche mit Steinmauern in der Mitte liegen, und ein Schlot war zwingend vorgeschrieben. Von den heimischen Bauern übernommen waren das typische, tief hinabgezogene Dach; die Veranden wiederum kamen aus dem Elsaß.

Das traditionelle Kinzigtaler Haus steht auf einem Sockel aus Buntsandstein, in dem sich gleichzeitig der Stall befindet. Drei Türen führen dort hinein. Darüber liegt ein Wohngeschoß, über dem sich wiederum, bis zum Dach, eine Scheune ausbreitet. In diese kann man praktischerweise ebenerdig hineinfahren, denn das Kinzigtaler Haus wurde so zum Hang gestellt, daß eine hinten angebaute Brücke gleich in den ersten Stock mit der Scheune hineinleitet.

Das sogenannte Heidenhaus steht, jedenfalls in seiner jüngeren Form, parallel zum Hang, und die Küche reicht bis zum Dach des zweigeschossigen Gebäudes. Auch hier kann man in den Heuboden, über dem Stall gelegen, einfahren. ›Heiden‹ sollen diese Häuser gebaut haben: Häufig waren es Höfe vom Oberlauf der Gutach, in den vorderösterreichischen Gebieten gelegen. Der Vogtsbauernhof lag dagegen im protestantischen Herzogtum Württemberg.

Nicht von der Konfession, sondern von der Religiosität der Bauern sprechen das Kreuz im ›Herrgottswinkel‹ der Stube oder ein Bild des hl. Wendelin am Stall. Heidnisch wirken dagegen die fast unleserlichen, vielleicht magischen Zeichen, die man überall einritzte oder schnitzte: Sterne, Bäume, Andreaskreuze.

Eine Kapelle machte aus vielen Anwesen fast schon einen Herrensitz. »Bauernfürsten« nennt dann auch der Schwarzwälder Schriftsteller Hansjakob die Hofbesitzer, die ihre Knechte, Mägde und andere Dienstboten als »meine Völker« anredeten. Der Hof war ihnen das höchste Gut, deshalb mußte auch durch Nachfahren für seine Erhaltung gesorgt werden. Vielleicht hatte die Bauerstochter im Kinzigtaler Haus ja deshalb eine abgelegene Schlafkammer, in der sie heimlich, aber geduldet Freier empfangen konnte; denn schon vor der Hochzeit wollte man die Qualität der künftigen Herren ›testen‹.

Viel ärmlicher als bei den Bauernfürsten ging es im südlichen Schwarzwald zu. Das Hotzenhaus hatte nur ein Erdgeschoß bis zum Beginn des Daches, und um alle vier Seiten herum lief ein verdeckter Umgang. Im Innern war es sehr dunkel. Solche Unannehmlichkeiten braucht der Schwarzwaldreisende nicht mehr auf sich zu nehmen. Am interessantesten ist sicher die Schlafstube eines Bauernfürsten, heute, in modernen Zeiten, mit Telefon, TV und Bad. Solche Häuser gibt es beispielsweise noch im Glottertal bei Freiburg.

Bauern Rinderherden weiden, später wurden die Kahlbereiche durch die Holztransporte immer wieder aufgeschürft. Um die Stämme aus dem Hochwald an die Gewässer zu bringen, hauten die Flößer riesige Schneisen in den Wald, sogenannte Riesen, die sie am Boden mit Holz oder Sandsteinplatten auskleideten. Die Riesen hatten ein starkes Gefälle, so daß die Stämme mit hoher Geschwindigkeit zum Lagerplatz hinuntersausten.

In der Rückschau verklärten die Schwarzwaldbewohner die Flößerei, die im 19. Jh. durch den Eisenbahntransport ersetzt wurde, hatte sich doch im Zusammenhang mit den vielen Menschen, die damit beschäftigt waren, eine ganze Kultur entwickelt: Das Zusammenbinden und Dirigieren der Flöße, das Anlegen von Dämmen und Riesen – all das bei geringem Lohn – machten das harte Leben der Flößer aus, das gar nicht romantisch war.

Seitdem ab der Mitte des 19. Jh. der Schwarzwald wieder aufgeforstet wird und es Gesetze zum Schutz des Waldbestandes gibt, finden sich heute wieder viele wertvolle Baumstämme im Schwarzwald, die z. T. sogar in der Möbelindustrie verarbeitet werden können. Auch im Bauwesen und – zum geringsten Teil – in der Papierindustrie wird wieder Schwarzwaldholz verwendet, ohne daß der Wald andererseits großen ökologischen Schaden erleidet. Das Waldsterben hat schließlich mit den Luftschadstoffen und weniger mit einer zurückhaltenden Holzwirtschaft zu tun. Vielleicht wäre es aber für den Fortbestand des Schwarzwalds von Nutzen, wenn man zumindest einige Gebiete völlig ohne menschliche Eingriffe sich selbst überlassen würde, wie es z. B. in den Nationalparks geschieht.

Obwohl viele Hölzer nach Deutschland importiert werden, kommt rund die Hälfte des Wirtschaftsholzes aus heimischen Wäldern, ein großer Teil davon aus dem Schwarzwald (ca. 2 Mio. Festmeter jährlich). Mit schweren Maschinen (Motorsägen, Entrindungsmaschinen, Transportfahrzeugen) werden die Stämme gefällt, bearbeitet und zu den Sägewerken befördert, die neuerdings jeweils auf eine ganz bestimmte Weiterverarbeitungsart spezialisiert sind (z. B. nur Laubholz für Furniere oder Nadelholz für den Bau). Nach wie vor ist die Holzwirtschaft also ein bedeutender Wirtschaftszweig im Schwarzwald. Wenn dem Waldsterben allerdings nicht bald wirksamer Einhalt geboten wird, muß die Politik auch hier die Notbremse ziehen.

Wichtiges Standbein des Wirtschaftslebens im Schwarzwald ist auch der Tourismus. Über 6 Mio. Touristen kommen pro Jahr und bringen Geld in die Region. Einen ähnlich großen Umfang haben die schwarzwaldtypischen Branchen und Produkte wie Uhrenherstellung und Uhrenverkauf, Schnäpse, Kirschtorten, Schinken, Trachten, Musikinstrumente usw.

Typisch Schwarzwald

Auch der Name Schwarzwald erzeugt wie der Name anderer interessanter Reiselandschaften stimmungsvolle Bilder im Kopf, und die haben oft was mit Essen und Trinken zu tun: Schinken, Schnäpse und Torten erscheinen vor unseren Augen – neben Schwarzwaldhäusern, Bollenhüten und Uhren.

Bei den Uhren (s. S. 84) ist es die Kuckucksuhr die uns fasziniert und die wir überall auf der Welt sofort als Schwarzwälder Uhr identifizieren würden, auch wenn im Schwarzwald mehr als nur Kuckucksuhren hergestellt werden. Die Tradition der geschnitzten und bemalten Holzgehäuse reicht bis ins 18. Jh. zurück. Von Triberg aus kann auf den Handelswegen der Uhrenhändler ein bis zu 200 km langer Rundwanderweg beschritten werden (auch kürzere Wanderungen sind möglich; Informationen über den Schwarzwald Tourismusverband in Freiburg, s. S. 195). Die Deutsche Uhrenstraße, die von Villingen-Schwenningen ausgeht und auch dorthin zurückkehrt, ist sogar 320 km lang. Einen besonders anschaulichen Höhenpunkt bildet dabei das Deutsche Uhrenmuseum in Furtwangen, s. S. 158, 163).

Zum traditionellen Schwarzwaldhaus (s. S. 37), das ebenfalls eine Holzkonstruktion ist – freilich unvergleichlich größer –, gehört die Schwarzwaldtracht als Bestandteil dieser Landschaft und ihrer Kultur. Ein einheitliche Tracht gibt es allerdings nicht, denn selbstverständlich besitzt jede Region ihre eigene. Und der berühmte Bollenhut, der geradezu als Markenzeichen des Schwarzwaldes betrachtet wird, kommt auch nur in einer einzigen Region vor, nämlich in und um Gutach. Der Heimatfilm (s. S.150) und zuvor vermutlich die Operette

Konservativismus und Protestkultur

Auf ihre Spezialitäten und Regionalitäten, vom Schnaps bis zum Bollenhut, sind Schwaben und Badener stolz – sie fühlen sich überhaupt in jeder Hinsicht eng mit ihrer Heimat verbunden. Sie sind ›konservativ‹ im Sinne von bewahrend.

Andererseits bockt man gerade in Baden gern mit der ›Stimme des Volkes‹ gegen die Obrigkeit. Und neben dem biedermeierlichen Typ, der irgendwie an Mörike oder die »Schwarzwälder Dorfgeschichten« erinnert, leben hier viele intellektuelle Ausbrecher, die sich in jungen Jahren als Rebellen erweisen und nach einer gewissen Altersmäßigung zu unabhängigen, großen

»Schwarzwaldmädel« haben dem Hut wohl zu seiner Popularität verholfen. Das Ausgangsmaterial ist ein Strohhut, auf den ab dem 17. oder 18. Jh rote Wollrosen für die ledigen Frauen und schwarze für die verheirateten aufgenäht wurden. Obwohl die Bollenhüte besonders an kirchlichen Feiertagen getragen werden, dürften die Erzählungen, daß die 14 Bollen für die 14 Nothelfer oder gar für die Blutstropfen Jesu stehen, eher ins Reich der Legenden gehören. Anderswo tragen die Frauen Strohzylinder, Goldhauben, Flügelkappen (»Chappen«) oder ganze Metallgestelle mit Perlenverzierungen (»Schäppel«).

Der echte Schwarzwälder Schinken – sich nun den genußreichen Attraktionen zuwendend – benötigt, fein geräuchert, Zeit, um zu reifen, also an der Luft zu trocknen. Das läßt sich bei einer Massenherstellung jedoch nicht mehr so ganz berücksichtigen, weshalb eher der hausgemachte Schinken die höheren Stufen der Milde erreichen kann.

Um eine deftige Vesper dann zu vertauen, sollte ein Obstbrand genossen werden, wobei das Schwarzwälder Kirschwasser, das »Chriesiwässerli«, an erster Stelle steht. Hochprozentig, über Jahre gelagert und im Idealfall aus der Maische wilder Kirschen destilliert, entwickelt das Kirschwasser gar medizinische Qualitäten. Freilich kommen ihm die anderen Köstlichkeiten wie Zwetschgenwasser, Himbeer- oder Mirabellengeist ungemein nahe, denn schließlich herrscht am Oberrhein ein ausgesprochen warmes und für Früchte gedeihliches Klima.

Nicht zuletzt gilt das Kirschwasser als der entscheidende Bestandteil der Schwarzwälder Kirschtorte, die zudem aus viel Sahne, Mürbeteigböden und Kirschen kreiert wird. Allerdings soll sie nicht im Schwarzwald, sondern in Bad Godesberg erfunden worden sein, was aber auch nicht weiter schlimm wäre. Denn sie mundet den Kaffeehausbesuchern ja beileibe nicht nur im Schwarzwald.

Geistern entwickeln, so z. B. der Dichter Johann Peter Hebel. Ursprünglich streng konservativ erzogene Rebellen waren oftmals Absolventen von kirchlichen Schulen oder Instituten, etwa der Schriftsteller Hermann Hesse in Maulbronn (s. S. 53) oder der CDU-Politiker Heiner Geißler in St. Blasien.

Kein Wunder, daß im Schwarzwald und am Rhein immer wieder lokale Protestbewegungen politische Geschichte machten. Zu Beginn der 1990er Jahre bot etwa in Schönau im Südschwarzwald die Bürgergemeinschaft einem Stromkonzern wie David dem Goliath die Stirn: Am Ende war der Wirtschaftsriese abserviert.

Diese neue Mischung aus intellektuell organisiertem, gleichzeitig von den Bürgern getragenem Protest entstand Mitte der 1970er Jahre in einem Rheinort namens Wyhl. Hier gab es 1975 einen Bauplatz für die Errichtung eines 1200-Megawatt-Atomreaktors, der so lange und nachhaltig, aber friedlich besetzt wurde, daß man das Projekt für das 20. Jh. vorerst aussetzte.

Neu war die Beteiligung der alteingesessenen, bürgerlichen Bevölkerung, u. a. protestierten nämlich auch die lokalen Honoratioren gegen das Projekt.

In Wyhl waren die gewaltlosen äußeren Formen des Protests der 68er-Bewegung (Demonstrationen, Besetzung des Bauplatzes, Diskussionsveranstaltungen, Flugblattkampagnen usw.) einfach von den bürgerlichen Initiativen übernommen worden. Die ›bürgerlich-konservativen Rebellen‹, die sich so gegen den Atomreaktor stark machten, waren weitgehend unangreifbar, zumal auch wissenschaftlich sehr gut orientierte Fachleute mitargumentierten.

Neu war auch das engagierte und breite Einsetzen für die Natur in weiten Kreisen der Bevölkerung. Ein Auwäldchen am Rhein war von dem Großprojekt bedroht, und sowohl die fortschrittlich Denkenden als auch die naturliebenden Heimatvereine hatten genug von der immer blindwütigeren Umweltzerstörung.

Neu war in Wyhl zudem der Erfolg. Das Atomkraft-Projekt konnte, wie gesagt, bis auf weiteres gestoppt werden. All das hatte eine enorme überregionale Wirkung in Deutschland, die an der Wende zum 3. Jt. auf die anderen europäischen Länder überzugreifen beginnt. Bürgerinitiativen setzten sich immer häufiger und oft auch erfolgreich gegen die Umweltzerstörung ein, in Zusammenarbeit mit dem Bund Naturschutz und der Grünen-Partei (mit einer Hochburg in Südbaden) entstand eine eigene Alternativkultur, die von der alternativen Ernährung bis zur Alternativbank reicht.

Andererseits wird sich die Landschaft seit 1970 bis übers Jahr 2000 hinaus mehr verändert haben als jemals zuvor in der Geschichte des Schwarzwalds.

Knöpfle, Kirschtorte und Kirschwasser

Der Schwarzwald ist berühmt für seine Küche. Mehr als im benachbarten Elsaß liegen hier die Akzente auf den deftigen Speisen, siehe die üppige Schlachteplatte (vor allem mit Blut- und Leberwurst).

Touristen lernen die Küche einer Region meist über die gastronomischen Betriebe kennen, seltener in Privathaushalten. Das macht im Schwarzwald oft keinen großen Unterschied; denn die guten Restaurants orientieren sich häufig an der ›Hausmannskost‹, sie dient ihnen jedenfalls als Vorbild. Im Restaurant wird diese Hausmannskost noch etwas angereichert und ver-

Picknick à la Schwarzwald

feinert – und schon hat man das ideale Schwarzwaldrestaurant.

Wo gibt es dieses ›ideale Restaurant‹? Die Suche danach, keine Frage, kann eine der interessantesten Urlaubsbeschäftigungen im Schwarzwald sein. Und das Gute daran ist: Man braucht sich weder um bekannte Restaurant-Führer noch um hohe oder niedrige Preise zu scheren. Denn enttäuscht wird man eigentlich nirgendwo. Auch in der Tageszeit ist man kaum festgelegt: Es gibt immer wieder Vesperstuben, wo die Wirtsleute kalte Wurst, Schinken oder auch etwas Käse mit herrlich duftendem, frischem Brot servieren. Diese deftigen Speisen zwischen den Hauptmahlzeiten, vor allem nach einer langen Wanderung oder nach dem Baden, gibt es im ganzen süddeutschen Sprachraum (Bayern: Brotzeit, Österreich: Jause) – aber im Schwarzwald finden sie mit dem hervorragenden Schinken wohl ihren Höhepunkt.

Eine gute Küche läßt sich am besten an den Suppen und Soßen messen. Die Schwarzwaldküche spart nicht mit feinem Rahm, vermeidet andererseits mehlige, dicke Soßen, z. B. auf dem Gemüse. Hechtklößchen- oder Gemüsesuppe sind immer wieder zu empfehlen, aber selbst die Flädlesuppe (mit Pfannkuchenstreifen) ist erfahrungsgemäß nicht so mächtig, daß der Appetit für die folgenden Speisen vergeht. Solche Suppen sind der beste Einstand für ein üppiges Menü.

Verwöhnte Trauben

Badischer Wein

Auf der Sonnenseite des Schwarzwaldes ist er zu finden: der badische Wein – »von der Sonne verwöhnt«, wie der Werbespruch lautet.

Seit dem frühen Mittelalter wird im Badischen Weinbau betrieben, wenn auch der große Erfolg erst im 20. Jh. kam und Baden sich zum drittgrößten Anbaugebiet unter den deutschen Weinregionen entwikkelte. Dazu haben die einzelnen Winzer ebenso beigetragen wie die Winzergenossenschaften, und schließlich verdankt die Weinwelt einem Herrn namens Öchsle aus Pforzheim die Bestimmung des Mostgewichts.

Die »Badische Weinstraße«, die von Baden-Baden über Freiburg nach Lörrach führt und auch den Kaiserstuhl nicht ausläßt, ist rund 250 km lang, wenn man all ihren Windungen folgt. Das badische Weingebiet selbst erstreckt sich über 400 km und reicht vom Bodensee bis hinauf ins Tauberfränkische. Im Schwarzwald selbst gliedert es sich in vier Anbauregionen: das Markgräfler Land südlich von Freiburg; den Breisgau nördlich davon; die Ortenau zwischen Offenburg und Baden-Baden; und den Kaiserstuhl mit dem Tuniberg, einem Vulkan am Rhein.

Gerade die vulkanischen Böden des Kaiserstuhls bekommen den Reben sehr gut, denn das Lavagestein hält Wärme. Silvaner, roter Spätburgunder oder Muskateller gedeihen hier vortrefflich, wohingegen das Markgräflerland eher für seinen Gutedel, der Breisgau für die Sorte Müller-Thurgau und die Ortenau für ihren Riesling bekannt sind. Einige Winzergemeinden der nördlichen Ortenau, nämlich Varnhalt, Steinbach und Neuweier, haben sogar das Recht, ihre Weine im bauchigen Bocksbeutel zu verkaufen, was sonst nur die Franken dürfen. Und das kam so: Ende des 18. Jh. heiratete der fränkische Adlige Franz Philipp von Knebel und Katzenellenbogen ins Schloß Neuweier ein. Er ließ sich später das Privileg aus seiner fränkischen Heimat übertragen, seinen Wein in Bocksbeutel abfüllen zu dürfen; zudem war er ein großer Weinbauförderer. Später übernahmen die drei Gemeinden, die in der Nähe des Schlosses liegen, das Privileg.

Als Hauptgang kommen im Schwarzwald mit Vorliebe verschiedene Varianten von gekochtem oder gebratenem Rindfleisch auf den Tisch. Besonders gut machen sich auch Rostbraten oder

Zum Abschluß ein Obstwässerle: Schwarzwälder Kirschwasser

Schäufele (Schweineschulter) zu den nudelartigen Beilagen – Pasta auf schwäbisch oder badisch! Die Palette ist sehr reichhaltig. Immer wieder gilt es, sie neu zu erforschen: Wie sind hier und heute die Spätzle gelungen? Ihre genaue Zubereitung (Mehl und Ei) verraten die Köche nicht. Das ist eine ›geheime‹ Kunst. Sie erreicht ihren Höhepunkt bei den Kässpätzle oder Knöpfle (badisch), die als eigene Mahlzeit gereicht werden und geradezu süchtig machen können.

Ähnlich verhält es sich mit den Maultaschen (Nudelteigtaschen mit Füllung) oder Schupfnudeln (Kartoffelteig). Diese ›Beilagen‹, die auch zu Hauptgerichten werden können, sind eine ausgemachte Spezialität des Südwestens. Und auf alle sonstigen Zutaten, wie Gemüse oder Salate, verwenden die Köche meist genausoviel Sorgfalt. Selten stellt ein Kellner einfach nur Kartoffeln auf den Tisch, z. B. die guten Bratkartoffeln; meist wurde noch ein interessantes Gewürz drüber gestreut oder ein nettes Sößle beigegeben.

Im Frühjahr genießt man den Spargel mit einer guten holländischen Soße und mit Kratzete (zerpflückten und gebratenen Pfannkuchenstücken). Dazu noch etwas Wein vom warmen Rheintal, z. B. vom Kaiserstuhl, und der kulinarische Genuß ist perfekt.

Die Krönung der Schwarzwälder Kochkunst sind die Süßspeisen. Zuallererst denkt man natürlich an die berühmte Schwarzwälder Kirschtorte. Ganz zu schweigen von den Desserts: Alle Arten von Mehlspeisen, mit Sahne, Eis und allerlei Früchten garniert, kann man getrost auf sich zukommen lassen, ohne die Überfüllung fürchten zu müssen. Die Kirschtorte sollte man allerdings zu reichlich Kaffee lieber nachmittags separat verzehren. Zum Abschluß einen Schnaps, der schmeckt im Schwarzwald nun einmal besonders gut. Das berühmte Kirschwasser jedenfalls ist unübertroffen.

UNTERWEGS IM SCHWARZWALD

Der Nord-
schwarzwald
mit Baden-Baden

Der Mittlere
Schwarzwald
mit Freiburg

Der Südschwarzwald
am Dreiländereck

Der Nord-schwarz-wald

Route 1:
Rund um Hirsau

Route 2:
Von Neuenbürg nach Bad Wildbad

Route 3:
Von Altensteig ins Murgtal

Burg Hohennagold

Route 1: Rund um Hirsau

Zum Zentrum der Hirsauer Mönche. Calw, die Hesse-Stadt. Über die Chorturmkirche von Kentheim hinauf zur Bergstadt Zavelstein. Nach Bad Teinach und Bad Liebenzell zum Kuren. Pforzheim, die Stadt der Uhren und des Schmucks.

Hirsau

Die einstmals prächtige Klosteranlage Hirsau ist selbst als Ruine sehr beeindruckend. Das seit 1975 zur nahen Stadt Calw eingemeindete Hirsau liegt im Tal der Nagold, die hier am östlichen Rand des Nordschwarzwalds zwischen bewaldeten Buntsandsteinformationen hindurchfließt. Aus diesem roten Sandstein ist auch das ehemalige **Benediktinerkloster St. Peter und Paul** errichtet worden.

Klostergeschichte

Als Vorläuferin dieses Klosters gilt eine dem hl. Bischof Aurelius geweihte Kirche und ein sich daran anschließendes erstes Benediktinerkloster. Anstelle der alten Kirche St. Aurelius entstand in den Jahren 1059–1071 eine neue kreuzförmige Basilika, deren Mittelteil wir heute noch vor uns haben (Calwer Str.). Kloster und Kirche verloren freilich ihre Bedeutung, als ebenfalls im 11. Jh. das weitaus größere Kloster St. Peter und Paul auf der gegenüberliegenden Nagoldseite erbaut wurde.

Unter Abt Wilhelm von Hirsau begann im Jahr 1069 der Aufstieg Hirsaus zu einem wahren Zentrum des erneuerten Klosterlebens nach dem Vorbild der Cluniazenser Reform, die eine Stärkung der klösterlichen Spiritualität und eine Befreiung von weltlicher Bevormundung anstrebte.

Die Blütezeit und der weitreichende Einfluß Hirsaus waren freilich nicht von langer Dauer. Bereits ab der Mitte des 12. Jh. machten sich wirtschaftliche Probleme und geistiger Verfall bemerkbar. Zwar gelang es danach fähigen Äbten, Hirsau zeitweilig erneut zu Wohlstand und Ansehen zu verhelfen,

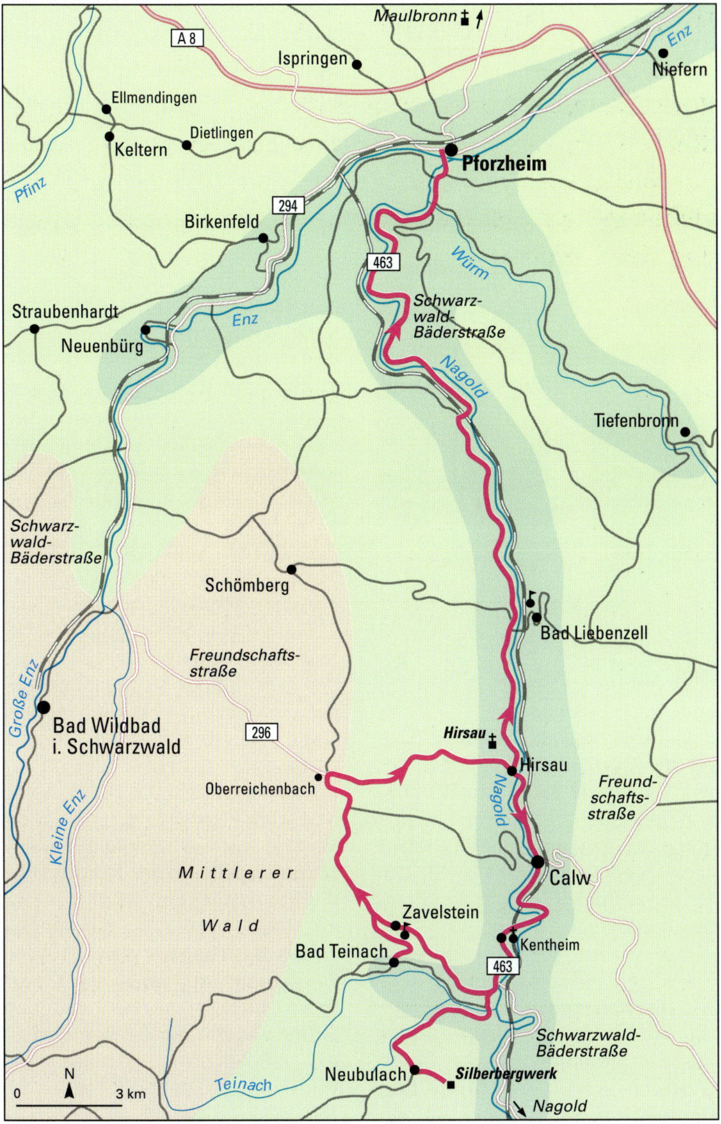
Maulbronn
A 8
Ispringen
Enz
Niefern
Ellmendingen
Keltern
Dietlingen
Pfinz
Pforzheim
294
Birkenfeld
463
Würm
Schwarz-
wald-
Bäderstraße
Straubenhardt
Neuenbürg
Enz
Nagold
Tiefenbronn
Schwarz-
wald-
Bäderstraße
Schömberg
Bad Liebenzell
Freundschafts-
straße
Große Enz
Bad Wildbad
i. Schwarzwald
296
Hirsau
Hirsau
Oberreichenbach
Nagold
Freund-
schafts-
straße
Kleine Enz
Calw
Mittlerer
Wald
Zavelstein
Bad Teinach
Kentheim
463
Schwarzwald-
Bäderstraße
N
0
3 km
Teinach
Neubulach
Silberbergwerk
Nagold

Kloster Hirsau: Marienkapelle

doch mit der Reformation kam das Ende des Klosters.

Während der Eroberungsfeldzüge des französischen Königs Ludwig XIV. wurde das Kloster schließlich im Pfälzischen Erbfolgekrieg durch die Truppen General Mélacs ganz niedergebrannt (1692). Im 19. Jh. wurde die Ruine als Steinbruch verwendet.

Klosterrundgang

Zur Einstimmung auf die Ruine empfiehlt sich ein Besuch im **Klostermuseum** neben der St.-Aurelius-Kirche im Zentrum Hirsaus. Dort ist u. a. ein Modell der Hirsauer Klosteranlage zu sehen.

Die Ruine selbst erreicht man, wenn man vom Zentrum aus die Nagold überquert. Über die Wildbader Straße stößt man auf das große Klosterareal. Durch das Haupttor (gegenüber dem Parkplatz) gelangt man zunächst rechter Hand zu einem Schloßturm und den Resten eines herzoglichen **Schlosses** dahinter. Herzog Ludwig von Württemberg ließ sich 1586–1592 ein Renaissanceschloß ins reformierte Kloster bauen, das dem Kur- und Badevergnügen der herzoglichen Familie – gibt es doch bekannte Bäder in näherer Umgebung – sowie den Jagdfreuden diente. Und wird nicht der Name »Hirsau« von einer »Au der Hirsche« hergeleitet?

Nahe beim Schloß ist der ehemalige **Kreuzgang** zu begehen, der das Zentrum der Klosteranlage bildet. Er wurde 1454–1503 an der Stelle eines romanischen Vorgängerbaus im spätgotischen Stil errichtet und besticht durch seine Maßwerk-Fenster und seine Portale. Die fast vollständig erhaltene **Marienkapelle** an der Nordostecke des Kreuzgangs entstammt den Jahren 1508–1516. Von der prachtvollen **Basilika** aus dem 11. und 12. Jh. (im Anschluß an den Kreuzgang) blieb, abgesehen von den Grundmauern, nur ein Turm erhalten, »Eulenturm« genannt. Die Wirtschaftsgebäude entstanden im 16.–18. Jh.

Ausflugstip: Kloster Maulbronn

Maulbronn war eine Welt im kleinen, wie es jede mittelalterliche Klosteranlage war, sei es in einem Flußtal oder auf einer Rodungsfläche im Wald. Doch das 1993 zum UNESCO-Weltkulturgut ernannte Maulbronner Klosterareal ist wohl die europäische Klosteranlage des Mittelalters, die in ihrer Größe am vollständigsten erhalten ist und deshalb heute noch einen hervorragenden Eindruck vom klösterlichen Leben vermitteln kann.

Wenn man Hirsau damit vergleicht – und von dort aus sei ein Ausflug ins nordöstlich gelegene Maulbronn empfohlen –, kann man sich vorstellen, wie das dortige Kloster ausgesehen haben mag, bevor es zur Ruine wurde. Freilich waren es in Maulbronn Zisterzienser, die im Jahr 1147 eine Niederlassung gründeten und bis zur Durchsetzung der Reformation (1537) ununterbrochen den Ausbau des Klosters vorantrieben. Nach dem Weggang der Mönche befand sich hier eine evangelische Klosterschule, zu deren Schülern so bedeutende Persönlichkeiten wie Kepler, Hölderlin und Hesse zählten.

So geschlossen also die Anlage mit ihren 30 Einzelgebäuden wirkt, sie ist doch erst im Laufe von Jahrhunderten entstanden. Die aus mächtigen Schilfsandsteinquadern errichtete Kirche war allerdings schon im 12. Jh. vollendet. Berühmt ist der Kreuzgang mit dem eindrucksvollen Dreischalenbrunnen. Eine Klosterführung sollte man auf keinen Fall versäumen. Und wer möchte, kann das Freilichttheater besuchen und sich bei Konzerten oder beim Klosterfest einfinden.

Information: Stadtverwaltung Maulbronn, Klosterhof 31, 75433 Maulbronn, ✆ 070 43/103 12, Fax 103 45.

Calw

In südlicher Richtung geht es an der Nagold entlang nach Calw (ca. 23 000 Einw.). Der Name der Stadt geht auf das gleichnamige Grafengeschlecht zurück, das im Mittelalter sehr einflußreich war.

Bekannt ist die Stadt durch einen berühmten Sohn, den Literaturnobelpreisträger Hermann Hesse.

Stadtgeschichte

1075 wurde Calw erstmals urkundlich erwähnt. Im 13. Jh. erhielt der Ort das Stadtrecht. Entscheidend für seine Blüte waren seit dem Mittelalter Handwerk und Handel: Tuchmacherei und Gerberei spielten zunächst eine große Rolle, später Salz- und Holzhandel, die Flößerei und die zahlreichen Märkte.

Durch den florierenden Handel erholte sich die Stadt wirtschaftlich ziemlich schnell von den schlimmen Zerstörungen im Dreißigjährigen Krieg (1634) und den Verwüstungen durch französische Truppen (1692).

Stadtbummel

Der **Marktplatz** bildet das verkehrsberuhigte Zentrum der Altstadt. Im Sommer laden auf dem freien Platz die Tische und Stühle der Cafés zum Verweilen ein, eingerahmt von plätschernden Brunnen. Für den ›Schwarzwaldeinsteiger‹ hält eine Buchhandlung ein gut sortiertes Angebot bereit.

Der Platz wird vom **Rathaus** dominiert, dessen Rundbogenarkaden auf ihre frühere Funktion als Marktlauben hindeuten. Unweit des Rathauses sticht die **evangelische Stadtpfarrkirche** ins Auge, die 1884–1888 in neugotischem Stil wiedererrichtet wurde. Nicht so hoch wie der Kirchturm, aber gleichwohl stattlich, ragt der **Lange** (25 m) hinter der Kirche auf, der letzte verbliebene **Wachturm der Stadt** (vor 1518).

Am Marktplatz 6 steht das **Geburtshaus von Hermann Hesse,** dem berühmtesten Sohn der Stadt; es ist jedoch nicht zu besichtigen. Besichtigen kann man dagegen am Marktplatz 30 das **Hermann-Hesse-Museum,** das in einem klassizistischen Gebäude (1813/14) untergebracht ist. Es zeigt u. a. Fotografien aus dem Leben des Autors und verdeutlicht anhand zahlreicher Beispiele die Werk- und Wirkungsgeschichte seiner Schriften.

Ein weiteres **Museum** ist auf der anderen Nagoldseite in einem palaisartigen Haus (Bischofstr. 48) zu besichtigen. Zu sehen sind Fundstücke aus der Vor- und Frühgeschichte der Gegend sowie Gegenstände der bäuerlichen Kultur und der Volkskunst.

Ein Gang über die **Nikolausbrücke** rundet die Tour durch Calw ab, denn die schmale, auf einem Brückenpfeiler ruhende **Nikolauskapelle** (um 1400) ist eine Seltenheit, da nur noch wenige dieser mittelalterlichen Brückenkapellen erhalten sind. Der hl. Nikolaus von Myra gilt als Patron der Flößer, Leinenmacher und Tuchhändler.

Zavelstein

Auf dem Weg zum Bergort Zavelstein gelangt man auf der B 463 in südlicher Richtung nach **Kentheim** und damit zur mittelalterlichen **Chorturmkirche St. Candidus.** Direkt zwischen Straße und Nagold gelegen, fällt sie Reisenden sofort durch ihre ungewöhnliche Gedrungenheit auf.

Eigentlich ist die Kirche im Kern romanisch (10. Jh.). Sie wurde jedoch mehrfach verändert. Besonders bemerkenswert sind die 1954

Von Hermann Hesse zu den 68ern

»Born to be wild« rockte in den 60er Jahren »The Steppenwolf« in den US-amerikanischen Radiosendern, um von nun an einen Siegeszug um die ganze Welt anzutreten. Auch die Jugendlichen des damals noch bestehenden Ostblocks lebten wie die ›Westler‹ ihre Sehnsucht nach Freiheit und Wildheit aus.

Wo lagen die Ursprünge dieser Sehnsucht? Das ist leicht auszumachen; denn plötzlich erlebten die Bücher eines deutschen Dichters, der aus dem Schwarzwald stammte, Auflagen in Millionenhöhe: Hermann Hesse, 1877 in Calw geboren, war der geistige Vater der späteren Jugendbewegungen. 1927 erschien sein Roman »Der Steppenwolf«, und seine Erzählung »Siddharta« (1922), auf eine Indienreise von 1911 zurückgehend, wurde um 1965 von den amerikanischen Studenten auf dem Campus wie das neuerdings verbreitete Haschisch eingesogen. »Siddharta« entfaltet in einem märchenartigen Stil in meist sehr gefühlsbetonter Sprache das spannende Leben des Gautama Buddha zwischen Reichtum und Askese.

Am Anfang stand die strenge Erziehung im Seminar des ehemaligen Klosters zu Maulbronn. Hier wurde der Grundstein für Hesses Anti-Stimmung gegen das Spießig-Bürgerliche gelegt. 1892 floh er aus dem Seminar, um in andere Lehranstalten überzuwechseln. Während er sich als Buchhändler oder Uhrmechaniker versuchte, entstanden die ersten Gedichte und Erzählungen. Mit »Peter Camenzind« kamen dann der erste Ruhm, die erste Ehe und die ersten Reisen.

Aber Hesses Leben blieb Suche, umherirrende Suche, die an nichts glauben wollte, die alle Maßstäbe nur so durcheinanderwirbelte. Hesse wurde einsamer, wütender gegen die vorgehaltenen bürgerlichen Ideologien – ein Steppenwolf. »Dieser ›Bursche‹ und vaterlandslose Geselle Haller sei ich selber, und es stünde besser um unser Land und um die Welt, wenn wenigstens die paar denkfähigen Menschen sich zu Vernunft und Friedensliebe bekennten, statt blind und besessen auf einen neuen Krieg loszusteuern« (»Der Steppenwolf«, 1927). Menschlichkeit und Frieden, vom indischen Buddhismus inspiriert, waren die Werte, die den Steppenwolf gegen Nationalismus und Kriegsbegeisterung wüten ließen. Kein Wunder, daß Hesse sich in der NS-Zeit völlig in die Schweiz zurückzog. Schon ein Jahr nach dem Krieg (1946) erhielt er den Nobelpreis für Literatur. 1962, kurz vor dem erneuten Siegeszug seiner Bücher, starb er in der Schweiz.

freigelegten und restaurierten Fresken im Kirchenschiff und im Chorraum.

Kurz hinter Kentheim verläßt man die B 463 und damit das Nagoldtal und fährt Richtung Altensteig, biegt aber sofort wieder rechts auf die Bergstraße nach Zavelstein ab, welche die Besucher landschaftlich reizvoll auf eine Anhöhe hinaufführt.

In **Zavelstein** (Bad Teinach-Zavelstein hat ca. 2800 Einw.) ist vor allem die **Burgruine** interessant, die am Ende der recht idyllisch wirkenden alten Hauptstraße der Stadt liegt (Im Städtle; am Marktplatz links einbiegen). 1620–1630 wurde die aus dem 13. Jh. stammende Burg zum Renaissanceschloß umgebaut. Die Truppen des französischen Generals Mélac brannten 1692 das Schloß und die Stadt (wie Calw und Hirsau) nieder.

Das Städtchen wurde wieder aufgebaut – wovon die Fachwerkhäuser heute noch zeugen. Das Schloß jedoch blieb zu einem großen Teil Ruine. Der gut erhaltene Bergfried wird seit 1813 als Aussichtsturm genutzt.

Der Turm der unweit von der Ruine stehenden **evangelischen Pfarrkirche** dürfte ebenfalls aus der Anfangszeit der Stadt stammen (13. Jh.). Das lichte Kirchenschiff bekam im wesentlichen 1578 seine jetzige Gestalt. Die Grabmale im Innern weisen auf die letzten Schloßherren, die Familie Buwinghausen, hin (17. Jh.).

Die Bürger Zavelsteins – das Wort Zabel bezeichnet im Mittelhochdeutschen den Spielstein eines Brettspiels – orientierten sich zwischen dem 16. und 18. Jh. als Tuchmacher überwiegend nach Calw hin. Heute spielt der Tourismus eine große Rolle, gerade in Verbindung mit den Heilquellen des Stadtteils Bad Teinach. Vor allem nördlich des Bergstädtchens blühen im März und April ganze Felder wildwachsender Krokusse, die wahrscheinlich der Schloßherr Benjamin Buwinghausen im 17. Jh. dort erstmals anpflanzen ließ.

Von Zavelstein aus bietet sich ein Abstecher nach **Bad Teinach** an, dessen Geschichte als Kurort bis ins Jahr 1427 zurückreicht. Dem Kurgast stehen mehrere Mineralbrunnen und ein Thermalbad zur Verfügung.

Hingewiesen sei an dieser Stelle auch auf das Bergbaustädtchen **Neubulach** (südlich von Bad Teinach). Wer nämlich etwas über den Erzbergbau im Schwarzwald erfahren möchte, kann sich dort ins **Schaubergwerk** begeben und das Mineralienmuseum besuchen (Marktplatz 1).

Bad Liebenzell

Von Bad Teinach geht's in nördlicher Richtung nach Oberreichenbach und dort auf die B 296, der man nach rechts folgt. Durch das

Kurpark in Bad Liebenzell

Tal mit bewaldeten Anhöhen kommen wir nach Hirsau. Im Zentrum nach links auf die B 463 abbiegen, die, wieder an der Nagold entlang, nach Bad Liebenzell führt (ca. 9100 Einw.).

In einer kleineren klösterlichen Niederlassung und einer Burg liegen die Ursprünge der Stadt Liebenzell (Stadtrecht seit dem 14. Jh.) und des Bades (Titel seit 1926). Unter den Grafen von Eberstein wurde um 1200 die **Liebenzeller Burg** erbaut, deren 34 m hoher Bergfried nach wie vor ein Wahrzeichen der Stadt ist. Die später zur Ruine gewordene Burg wurde 1953/54 in eine Jugendherberge und eine internationale Tagungsstätte für Jugendliche umgewandelt. Vom Turm aus kann man einen Blick auf Bad Liebenzell werfen. Die Burg erreicht man bequem zu Fuß von der Burgstraße aus.

Um 1400 waren die warmen Quellen des Ortes schon bekannt und vom 15. bis zum 17. Jh. recht beliebt, so daß Badehäuser und Herbergen angelegt wurden und Mitglieder von Adelshäusern das Kurbad besuchten. Nach einer Krise begann der Neuaufstieg des Kurortes 1809 mit dem Verkauf des bis dahin staatlichen Unteren Bades, das heute nach dem Arzt und Naturforscher Paracelsus benannt ist, an private Unternehmer.

Nach Trink- und Badekuren und dem Flanieren im Kurpark an der Nagold lohnt sich eine Besichtigung der im 12. Jh. gegründeten **Pfarrkirche St. Blasius** mit ihrem spätgotischen Chor (Kirchenschiff 1891–1893). Das **Museum** der evangelischen »Liebenzeller Mission« zeigt völkerkundliche Gegenstände aus Asien und Afrika (Liobastr. 16).

Pforzheim

Die Stadt (ca. 116 000 Einw.) liegt nördlich von Bad Liebenzell und ist über die »Schwarzwald-Bäderstraße« (hier B 463) zu erreichen. Zur Beschaulichkeit der Schwarzwaldtäler bildet Pforzheim den krassen Gegensatz einer verkehrsreichen Einkaufs- und Industriestadt.

Pforzheims Geschichte läßt sich mindestens bis in die Römerzeit zurückverfolgen, doch ein Ort dieses Namens wird erstmals 1067 urkundlich erwähnt. Die badischen Markgrafen bauten Pforzheim ab etwa 1220 zur Residenz aus. Im Dreißigjährigen Krieg wurde die Stadt verwüstet und 1689 bzw. 1692 durch französische Soldaten niedergebrannt, so daß am Ende nur noch die Schloßkirche und einige wenige Häuser vorhanden waren. Im Zweiten Weltkrieg wurde die Stadt abermals fast vollständig zerstört.

Seit dem 18. Jh. besteht die heute weltbekannte Schmuck- und Uhrenindustrie, die Pforzheim den in keinem Reiseprospekt fehlenden Beinamen »Goldstadt« eingebracht hat. Bei kunst- und kulturgeschichtlich Interessierten gilt das **Schmuckmuseum** (Jahnstr. 42) als Attraktion, das Pretiosen von der Antike bis zur Gegenwart zeigt. Ergänzt wird diese Schau durch das **Technische Museum der Schmuck- und Uhrenindustrie,** das die Herstellung der wertvollen Gegenstände ins rechte Licht rückt (Bleichstr. 81).

Ein weiteres Muß ist die ehemalige **Schloßkirche** im Zentrum (Schloßberg), die im Kern aus dem 13. Jh. stammt und in den Jahren 1946–1957 zum größten Teil wiedererrichtet wurde. Vom Schloß selbst zeugt nur noch ein nahe der Kirche erhaltener **Archivbau** der Renaissance (1553–1561).

Zu empfehlen ist auch die **Altstädter Kirche St. Martin,** die sich über römischen Mauerresten erhebt und romanische Bögen, einen gotischen Chor und mittelalterliche Fresken (um 1430) aufzuweisen hat.

Vor dem Eingang der Schloßkirche trifft man auf die **Statue** des bedeutendsten Sohnes der Stadt: **Johannes Reuchlin,** Humanist, Bibelgelehrter, Jurist und Diplomat (1455–1522). Und die Stadt ist auch nicht ganz unschuldig am Mostgewicht der Weine; denn in ihren Mauern kam **Ferdinand Öchsle** zur Welt (1774–1852), der Physiker und Tüftler.

Route: ca. 50 km; 2 Tage. Die Straßen sind gut, aber kurvenreich. In den Wald- und Höhenlagen ist mit Nebel, Laub und Glatteis zu rechnen – je nach Jahreszeit.

Unterkunft (Auswahl) in Bad Liebenzell: Thermen-Hotel, Am Kurpark, ✆ 070 52/92 80, Fax 92 81 00: reizvolle Kur-Atmosphäre. Waldhotel Post, Hölderlinstr. 1, ✆ 070 52/ 932 00, Fax 93 20 99: am Waldrand; Hallenbad, Sauna, Restaurant.

... in Bad Teinach: Bad-Hotel, Otto-Neidhart-Allee 5, ✆ 070 53/290, Fax 291 77: Haus gehobener Kategorie mit Tradition (seit 1842), ausgezeichnete Küche.

... in Calw: Hotel Ratsstube, Am Marktplatz 12, ✆ 070 51/18 64, Fax 708 26: neben Hesses Geburtshaus gelegen; empfehlenswert sind Zimmer mit Blick auf den Marktplatz; im Restaurant regionale u. österreichische Spezialitäten.

... in Hirsau: Hotel Kloster Hirsau, Wildbader Str. 2, ✆ 070 51/967 40, Fax 96 74 69: Das Hotel reicht historisch mindestens bis auf die Klosterherberge des Jahres 1450 zurück; direkt am Kloster St. Peter u. Paul. Schlemmer- u. Tenniswochenenden im Angebot, gute Küche, viele Sport- u. Freizeitmöglichkeiten.

... in Zavelstein: Berlin's Hotel Krone, Marktplatz 2, ✆ 070 53/929 40, Fax 92 94 30. Höhengasthof Lamm, Marktplatz 3, ✆ 070 53/84 14, Fax 15 28: traditionsreiches Haus (1830); empfehlenswert ist ein Zimmer mit Blick ins Tal der Teinach.

Essen und Trinken (Auswahl) in Bad Liebenzell: Café-Restaurant Burg Liebenzell, ✆ 070 52/12 34. Gasthof Albblick, Höhenstr. 1, Bad Liebenzell-Beinberg, ✆ 070 52/23 36.

... in Calw: Stäffele, Marktplatz 16, ✆ 070 51/704 26.

... in Hirsau: Café-Restaurant Fuchsklinge, Waldstr. 44, ✆ 070 51/513 04.

Öffnungszeiten in Bad Liebenzell: Aussichtsturm der Burg: tgl. 11–17 Uhr. Missionsmuseum, Liobastr. 16, ✆ 070 52/170: Mi, So 14.30–16.30 Uhr.

... in Calw: Hermann-Hesse-Museum und Galerie der Stadt Calw, Marktplatz 30, ✆ 070 51/75 22 während der Öffnungszeiten oder 16 72 60: Di–So 11–17 Uhr.

Museum der Stadt Calw, Bischofstr. 48, ✆ 16 72 60: Ostern–Okt. So 10–12 Uhr.

Wachturm »Der Lange«, Im Zwinger: Ostern–Okt. So 14–16 Uhr.

... in Hirsau: Das ehemalige Benediktinerkloster St. Peter u. Paul ist frei zugänglich.

Kirche St. Aurelius: tgl. 10–17 Uhr.

Klostermuseum, Calwer Str. 6, ✆ 070 51/590 15 (während der Öffnungszeiten) oder 16 72 60: April–Okt. Di–So 14–17 Uhr, Nov.–März Sa/So 14–17 Uhr.

... in Neubulach: Mineralienmuseum, Marktplatz 1, ✆ 96 95 26: April–Okt. Mo–Sa 10–12 u. 14–16, So 10–12.30 u. 13.30–17 Uhr.

Silberbergwerk »Hella-Glück-Stollen«, südöstl. Ortsrand, ✆ 070 53/96 95 10: Führungen April–Okt. Mo–Fr 10–12 u. 13.30–16, Sa/So 10–17 Uhr.

... in Pforzheim: Schloßkirche, am Schloßberg, ✆ 10 24 84: März–Okt. Mi–Fr 15–17, So 11–12 Uhr.

Schmuckmuseum, Jahnstr. 42, ✆ 072 31/39 21 26: Di–So, 10–17 Uhr.

Stadtmuseum der Stadt Pforzheim, Westl. Karl-Friedrich-Str. 243/Ecke Kirchenstr., ✆ 39 20 79: Di–Do, 14–17, So 10–17 Uhr.

Technisches Museum der Schmuck- und Uhrenindustrie, Bleichstr. 81, ✆ 39 28 69: Mi 9–12 u. 15–18 Uhr, jeden 2. u. 4. So im Monat 10–12, 14–17 Uhr.

... in Zavelstein: Aussichtsturm der Burgruine: April–Okt. tgl. geöffnet, nur bei schlechtem Wetter geschl.

Kulturelle Veranstaltungen in Calw: Konzerte in der evang. Stadtkirche, ✆ 209 12.
Theater in der Aula, Am Schießberg 4, ✆ 070 51/968 80: Auskunft und Karten.
... in Hirsau: Klosterspiele Hirsau, Freilicht-Theater, Auskunft und Karten: ✆ 070 51/968 80 oder 96 88 44, Fax 96 88 77.
Konzerte in der St.-Aurelius-Kirche, kath. Kirchengemeinde Bad Liebenzell-Hirsau, ✆ 070 52/26 10, oder Stadtinformation Calw, s. Information.

Führungen in Calw: Stadtführungen sind über Stadtinformation Calw zu erfragen, s. Information.
... in Hirsau: Klosterführungen sind ebenfalls über Stadtinformation Calw zu erfragen, s. Information.
... in Neubulach: s. Öffnungszeiten.

Information in Bad Liebenzell: Kurverwaltung Bad Liebenzell, Kurhausdamm 4, 75378 Bad Liebenzell, ✆ 070 52/40 80, Fax 40 81 08.
... in Bad Teinach: Kurverwaltung Bad Teinach-Zavelstein, Otto-Neidhart-Allee 6, 75385 Bad Teinach-Zavelstein, ✆ 070 53/84 44 od. 84 47, Fax 21 54.
... in Calw: Stadtinformation Calw, Marktbrücke 1, 75365 Calw, ✆ 070 51/968 80, Fax 96 88 77.
... in Hirsau: s. Calw.
... in Neubulach: Stadt- u. Kurverwaltung Neubulach, Marktplatz 13, 75387 Neubulach, ✆ 070 53/96 95 10, Fax 64 16.
... in Pforzheim: PKM Touristenformation Pforzheim, Marktplatz 1, 75173 Pforzheim, ✆ 072 31/145 45 60, Fax 145 45 70.
... in Zavelstein: s. Bad Teinach.

Calw: Am Markt

Route 2: Von Neuenbürg über Ettlingen und Baden-Baden nach Bad Wildbad

Kirschgarten, Eisenerz und Automobile. Die liebsten Schlösser der Markgräfin Sibylla Augusta. Zum Baden ins illustre Weltbad Baden-Baden. Und immer wieder Bäder: Herrenalb und Wildbad. Dazwischen die Brandruine eines Nonnenklosters: Frauenalb.

Neuenbürg

Von Pforzheim aus geht es hinein ins Enztal und damit auf der B 294 in südwestlicher Richtung nach Neuenbürg (ca. 7500 Einw.), ein in seinem historischen Kern erhaltenes Städtchen (Stadtrecht seit dem 14. Jh.), das sich an einer engen Schleife der Enz entwickelt hat und von einem auf dem Umlaufberg des Flusses gelegenen Schloß, der **Neuen Burg,** optisch dominiert wird.

Die Gegend war in der Zeit der Kelten und Römer und vor allem im Mittelalter für ihr Eisenerz bekannt, dessen Abbau bis ins 19. Jh. hinein betrieben wurde. Von der im 12. Jh. begonnenen Burganlage blieb nur der hintere Teil als **Ruine** erhalten; der vordere Teil hingegen wurde im 16./17. Jh. als stattliches **Renaissanceschloß** ausgebaut. Zwischen der Ruine und dem Schloß erstreckt sich ein im Sommer blühender Park, **Kirschgarten** genannt.

Die ehemalige, im Kern frühgotische **Schloßkirche St. Georg,** die mit ihrer hohen, spitzen Turmhaube auf halber Höhe zwischen Schloß und Stadt aufragt, besticht im Innern durch Wandfresken vorwiegend des 14. Jh. (Christus- u. Mariendarstellungen). Auch hier kann man in einer stillen Parkanlage wandeln, die aus dem alten Friedhof der Kirche entstanden ist.

An der Marktstraße der Stadt Neuenbürg trifft man auf die klassizistische **evangelische Stadtkirche** aus dem Jahr 1788, die innen einen herrschaftlichen Eindruck vermittelt, und das um 1800 erbaute **Rathaus,** dessen Rundbögen im Erdgeschoß noch an seine Verwendung als Markthalle erinnern. Beim jährlichen **Maimarkt** erstrecken sich

Marxzeller Automuseum

die bunten Stände zwischen Rathaus und Kirche und darüber hinaus.

Im Süden Neuenbürgs (an der Straße nach Waldrennach) lockt ein früheres **Eisenerzbergwerk,** das heute als Besucherbergwerk gestaltet ist: die Frischglück-Grube.

Zur Fortsetzung der Route verläßt man Neuenbürg jedoch in westlicher Richtung und hält auf **Marxzell** zu, in dessen Ortsteil Pfaffenrot ein **Fahrzeugmuseum** zu besichtigen ist. Dort gibt es nicht nur alte Automobile zu bewundern, sondern auch Kutschen, Traktoren, Straßenbahnen und Lokomotiven. Aus Pfaffenrot stammt die Familie des berühmten Automobilingenieurs Carl Friedrich Benz (1844–1929). Das Museum wurde zu seinen Ehren gegründet.

Ettlingen und Schloß Favorite

Von Marxzell aus geht der Weg am Fluß Alb entlang einige Kilometer nach Norden, um schließlich, nach Westen einschwenkend, **Ettlingen** zu erreichen, das auch als ›Sprungbrett‹ zu einem Ausflug nach Karlsruhe (s. S. 64) genutzt werden kann (z. B. mit den Stadtbahnlinien 1 und 11). Die Landschaft zwischen Karlsruhe, Pforzheim und Baden-Baden wird als der **Albgau** bezeichnet. Zwischen Ettlingen und Bad Herrenalb fährt die historische **Albtalbahn.**

Stadtgeschichte

Ettlingen (ca. 38 000 Einw.) reicht geschichtlich bis in die Römerzeit zurück. Die Stadterhebung erfolgte 1191/92. 1689 wurde die Stadt im Pfälzischen Erbfolgekrieg wie viele andere Orte niedergebrannt. Die Wirtschaftsgeschichte Ettlingens wird vor allem durch die seit dem Mittelalter bezeugte Papierindustrie geprägt, die sich den Wald und die Wasserkraft zunutze machte.

Stadtbummel

Zwei Zentren sind in der Stadt zu erkennen: der **Marktplatz** mit der Marktstraße und der **Schloßbereich.** Am Marktplatz erhebt sich das 1737 errichtete **Rathaus** mit seiner breiten Sandsteinfassade und der 1737–1739 veränderte Rathausturm, der einst zur mittelalterlichen Stadtbefestigung gehörte.

Nicht weit vom Rathaus entfernt steht die **katholische Martinskirche**

Route 2

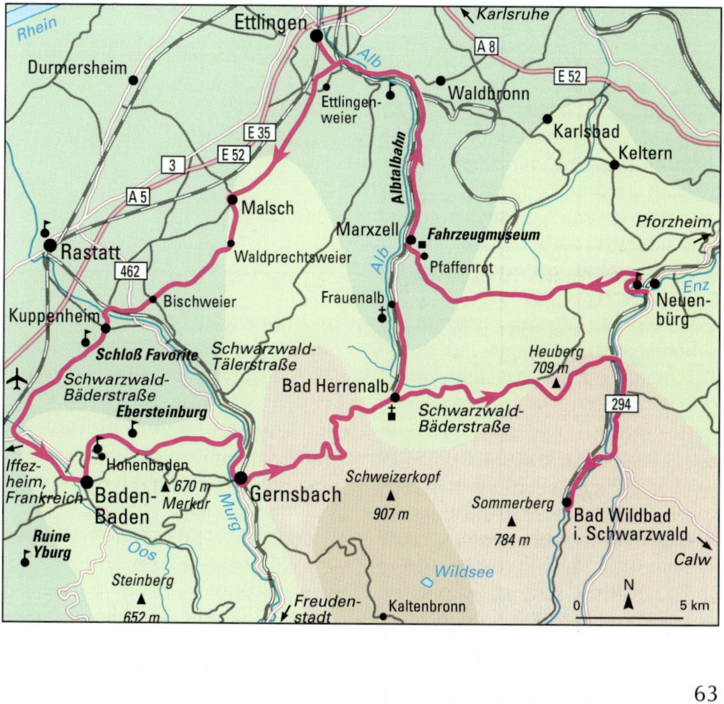

Ausflugstip: Sonnenstadt Karlsruhe

Es ist tatsächlich so: Karlsruhe (ca. 280 000 Einw.) kann im Vergleich mit anderen deutschen Städten mit den meisten Sonnenstunden pro Jahr aufwarten. Sage also niemand, es habe geregnet, als er da war. Was die durchschnittliche Wärme im Jahr betrifft, steht die Stadt hinter Freiburg jedoch ›nur‹ an zweiter Stelle.

Karlsruhe ist eine Stadt vom Reißbrettt – wenn auch großzügig. Der sternförmige Grundriß der Innenstadt ist der Ausdruck absolutistischer Macht. Markgraf Karl Wilhelm von Baden-Durlach (1679–1738), der Gründer und Namensgeber der Stadt, ließ sich zunächst einen achtekkigen Turm als Jagdschloß (1715) errichten. Von diesem Mittelpunkt bzw. einer darum angelegten ringförmigen Straße gehen die Wege wie Strahlen aus – was dem Idealbild eines Jagdparks entspricht –, denen im südlichen Teil die Stadtanlage untergeordnet wurde.

Das an den Jagdturm angegliederte Schloß entstand 1715–1718, wurde aber Mitte des 18. Jh. umgestaltet. Im Schloß befindet sich heute das Badische Landesmuseum mit einer kunstgeschichtlichen Dauerausstellung, welche die Kulturen von der Antike bis in die Neuzeit umfaßt. Doch das ist nur eines von vielen hervorragenden Bauwerken und Museen der Stadt, die es zu entdecken gilt.

Karlsruhe bietet zudem eine Vielzahl kultureller Veranstaltungen – bis hin zum Fußball: Man denke nur an den KSC. In der Stadt hat auch das Bundesverfassungsgericht seinen Sitz.

Information: Verkehrsverein, Bahnhofplatz 6, 76137 Karlsruhe, ✆ 07 21/355 30, Fax 35 53 43 99.

(Kirchenplatz), die im Kern romanischen Ursprungs ist. Nach den Zerstörungen des Jahres 1689 wurde das Langhaus in barocker Manier neu erbaut (1732/33). Die verkehrsberuhigten Gassen und Plätze des Zentrums bieten überall Anreize zum Verweilen, seien es die Auslagen der vielen kleinen Geschäfte oder die Stühle der Cafés.

Das **Schloß,** eine große Vierflügelanlage (1728–33), ließ sich die in Böhmen geborene Markgräfin Sibylla Augusta von Baden-Baden (1675–1733) als Witwensitz ausbauen. Sie war die Gattin des durch seine ruhmreichen Feldzüge gegen die Türken als »Türkenlouis« bekannten Markgrafen Ludwig Wilhelm I. (1655–1707).

Besonders beachtenswert sind am Ettlinger Schloß der **Renaissance-Brunnen** (1612) im Innenhof und die **Kapelle St. Johann Nepo-**

muk (heute Konzertsaal), die 1732 von Cosmas Damian Asam (1686–1739) grandios mit Bildern aus dem Leben des Böhmenheiligen Nepomuk ausgestaltet wurde. Im Schloß können neben den Barockräumen verschiedene Museen besucht werden, so das **Albgaumuseum,** das u. a. Funde aus der Römerzeit zeigt, das **Musikkabinett** mit seiner Sammlung mechanischer Musikinstrumente, das **Museum für Ostasiatische Kunst** oder die **Städtische Galerie,** die Werke badischer Künstler des 20. Jh. beherbergt.

Wir verlassen die Stadt und fahren auf der B 3 kurze Zeit Richtung Rastatt (südwestlich). Gleich hinter Ettlingenweier geht es links auf eine Nebenstrecke, die über Malsch, Waldprechtsweier, Oberweier und Bischweier nach Kuppenheim führt. Gleich südwestlich von Kuppenheim liegt das nächste Ziel: **Schloß Favorite,** ein wahres Kleinod (1710/11).

Und wieder war es die Markgräfin Sibylla Augusta, die sich dieses sommerliche Lustschloß errichten ließ. Die Sammelleidenschaft der Markgräfin führte zu einer extravaganten Ausgestaltung ihres liebsten Sommersitzes, woran u. a. die Sammlung der erlesenen Porzellane und Fayencen erinnert. Dem Schloß vorgelagert sind zwei langgezogene Arkadenbauten (um 1725), die in den Schloßpark, einen englischen Landschaftsgarten des späten 18. Jh., übergehen.

Weltbad Baden-Baden

Von Kuppenheim aus erreicht man rasch Baden-Baden, das nur wenige Kilometer südlich liegt. Freilich kann man hier auch einen Abstecher in die Residenzstadt **Rastatt** machen, die zu besuchen sich auf jeden Fall lohnt, obgleich sie schon zur Rheinebene zu rechnen ist. Die mächtige Rastatter Schloßanlage ist eine Sehenswürdigkeit ersten Ranges, ebenso wie die planvoll ausgeführte, barock geprägte Innenstadt um das Rathaus.

Als luxuriöses Kurzentrum geschaffen – das Friedrichsbad in Baden-Baden

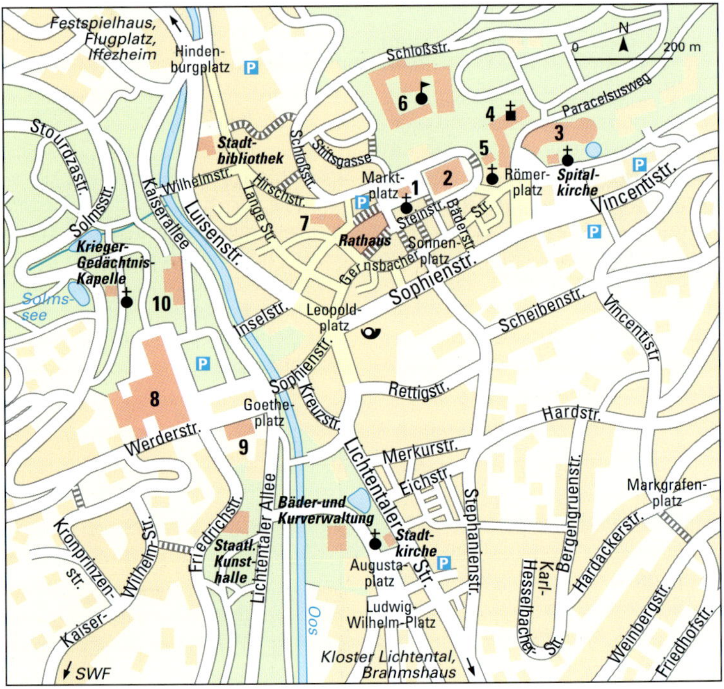

Baden-Baden 1 Stiftskirche 2 Friedrichsbad 3 Caracalla-Therme 4 Kloster zum Heiligen Grab 5 Klosterkirche 6 Neues Schloß 7 Stadtmuseum 8 Kurhaus und Casino 9 Theater 10 Trinkhalle

Eingebettet ins Tal der Oos, erstreckt sich Baden-Baden (ca. 52 000 Einw.) entlang verschiedener Anhöhen, wirkt verwinkelt in der Altstadt und mondän im Kurbereich. Alte und neue Architektur wechseln sich auf angenehme Weise ab, etwa am Augustaplatz mit dem Kongreßzentrum und der evangelischen Stadtkirche aus dem 19. Jh.

Wer nicht mit der Bahn oder per Flugzeug nach Baden-Baden kommt, sondern mit dem Pkw, sollte wissen, daß im Zentrum weitgehend Fahrverbot besteht, man also tunlichst den Wagen in einem der Parkhäuser unterbringt. In der Fußgängerzone läßt es sich dafür hervorragend bummeln und einkaufen. Und das Kurangebot ist Weltklasse.

Von der Straße in den Salon

Glücksspiel in Baden-Baden

Ein Kurbad wird auch zum Gesellschaftsbad, wenn es Anlässe gibt, nicht nur der Gesundheit wegen dort zu weilen. Da hat Baden-Baden einiges auf der Habenseite: das Casino im Kurhaus, die internationalen Galopprennen, das neue Festspielhaus, Golfplätze, Luxushotels und beste Restaurants. All diese Vorzüge, deren Kosten die Krankenkassen nicht zurückerstatten, haben ihren Ursprung und ihren Fixpunkt in den Sälen des Casinos, das Marlene Dietrich als »schönstes Spielcasino der Welt« adelte.

Die Anfänge des Glücksspiels in Baden-Baden sahen noch keine Kronleuchter, keine schweren Teppiche und keine eleganten Roben. Im 18. Jh. waren es fahrende Gesellschaften, die gern nach Baden-Baden kamen, weil dort gute Geschäfte zu machen waren. Die Hoteliers holten das Glücksspiel dann schnell von der Straße und ließen ihre Spielzimmer von der markgräflichen Verwaltung konzessionieren. Kartenspiele wie »Rouge et Noir«, »Ecarte« und »Whist« waren damals am populärsten. Mit steigender Gästezahl in Baden-Baden wuchs der Spielbetrieb in Salons und Hinterzimmern so rapide an, daß die Kontrolle darüber nicht mehr sichergestellt werden konnte. Der Spielbetrieb wurde monopolisiert, und die entsprechenden Konzessionen gingen zunächst auf das damalige Konversationshaus (im heutigen Rathaus) am Marktplatz und das Promenadenhaus am Kurpark (heute Kurhaus) über. Wer in den Antiquariaten der Stadt heutzutage frühe Darstellungen des Roulette-Spiels in Baden-Baden betrachtet, sieht Räume, in denen jetzt Stadtpolitik gemacht wird, was ja manchmal auch ein Glücksspiel sein kann.

Mit der Fertigstellung des heutigen Kurhauses durch den Architekten des Klassizismus Friedrich Weinbrenner war dann das Spiel um Geld seit 1824 nur noch in diesem großen Säulenbau am Kurpark erlaubt. Hier residierten ab 1838 mit den Pächtern Jean Jacques Bénazet und ab 1848 Sohn Edouard die ungekrönten Könige von Baden-Baden. Als kühne Investoren und Marketingstrategen ihrer Zeit voraus, machten sie das Roulette salonfähig; was wörtlich zu verstehen ist, wenn man die von Edouard Bénazet 1854/55 eingerichteten Prunkräume betritt. Die Bénazets luden musikalische Größen der Zeit (Paganini, Liszt, Berlioz u. a.) zum Vorspiel ein und gaben so dem Nachspiel am Roulette-Tisch ein kulturbetontes Flair. So es für die elegante Spielhölle am Kurpark gegenüber den Einwohnern von Baden-Baden noch der Akzeptanz bedurfte, war das Mäzenatentum der Bénazets ein wirkungsvolles Mittel. Vom Stadttheater bis zu Kirchtürmen wurden Bauten der Stadt durch Spielbankgelder mitfinanziert.

Unter den Bénazets mauserte sich Baden-Baden – pardon: das Casino – schnell zu einem Treffpunkt internationaler Eliten, die in besonders großer Zahl aus Frankreich, Rußland und England angereist kamen. Aus Stammgästen des Casinos wurden Residenten, mit eigenen Wohnvierteln, bevorzugten Hotels und eigenen Kirchen, die heute im Kulturerbe der Stadt so golden glänzen wie der Zwiebelturm der Russischen Kirche.

Helmuth Bischoff

Stadtgeschichte

Baden-Baden wäre vermutlich nichts ohne seine heißen Quellen, und die haben schon die Römer genutzt. Um 80 n. Chr. gab es eine erste militärische Ansiedlung mit dem Namen »Aquae«, was mit »Heilquellen« übersetzt werden kann. Kaiser Caracalla förderte die Niederlassung (213). Als die Alemannen ab 235 bzw. 260 das bis dahin römische Gebiet besetzten, kam das (vorläufige) Ende der Stadt.

Erst im Jahr 987 wurde die Ansiedlung wieder unter dem Namen »Badon« erwähnt. Badon kam unter die Herrschaft der Zähringer, die im 12. Jh. auf dem nördlich gelegenen Battert-Berg die Burg Hohenbaden als ihr Herrschaftszentrum errichteten und sich »Markgrafen von Baden« nannten.

1535 kam es zur Aufteilung der Markgrafschaft unter der katholischen und protestantischen Linie. Das protestantische Herrschaftshaus führte daraufhin den Namen »Baden-Durlach«, das katholische »Baden-Baden«. Nach der Zerstörung durch französische Truppen im Jahr 1689 (Pfälzischer Erbfolgekrieg) verlegten die Markgrafen ihre Residenz jedoch nach Rastatt.

Der wirkliche Aufstieg der Kurstadt begann Mitte des 18. Jh. und erreichte im 19. Jh. seinen Höhepunkt, als Potentaten und Künstler dem Weltbad die Ehre gaben. Nach 1945 hatte die Regierung der französischen Besatzungszone hier ihren Hauptsitz, und 1946 rief sie den Südwestfunk Baden-Baden ins Leben. Ab 1950 entwickelte sich der Kurbetrieb von neuem.

Stadtrundgang

Von den zahlreichen Kirchen-, Kur- und anderen Profanbauten seien die wichtigsten genannt. Sie lassen sich bei einem ausgedehnten Stadtrundgang ohne größere Mühe aufsuchen.

Auf dem erhöht liegenden Marktplatz steht die äußerlich massiv wirkende **Stiftskirche,** die auf den Resten römischer Thermen fußt. Der heutige Bau entstand hauptsächlich nach 1689. In östlicher Richtung folgt der trotz seiner prunkvollen Fassade ein wenig streng erscheinende Gebäudekomplex des **Friedrichsbades,** der 1869–1877 als luxuriöses Kurzentrum geschaffen wurde.

Dazu bildet der imposante Neubau der **Caracalla-Therme,** der 1985 eröffnet wurde, einen architektonischen Gegensatz, da die Thermenanlage in runder Form erbaut ist und das Außenlicht gut zur Geltung kommen läßt. Ein Aufenthalt innerhalb der erlebnisreich gestalteten Wasserbecken und Erholungsflächen dient dabei nicht nur der Gesundheit, sondern bereitet einfach Vergnügen.

Die Caracalla-Therme liegt östlich vom Friedrichsbad und im Anschluß an das ehemalige **Frauenkloster zum Heiligen Grab** mit seiner neobarock geprägten **Kirche.** Nördlich des Friedrichsbads steht auf einer Anhöhe das **Stadtschloß der Zähringer** (Neues Schloß), das aus einer älteren Burg in ein Renaissanceschloß umgebaut wurde und nach dem Brand von 1689 erneuert werden mußte.

Das Stadtbild wird an vielen Stellen von herrschaftlich aussehenden Hotelgebäuden und Villen

Festspielhaus in Baden-Baden

Rennbahn und Laufsteg

Iffezheimer Galopprennen

Als Schauplatz internationalen Zuschnitts hat auch die Pferderennbahn von Iffezheim seit 1858 ein gutes Stück dazu beigetragen, Baden-Baden zu einem Treffpunkt der Eliten werden zu lassen. Bei den Pferderennen geht es mindestens um zweierlei: um die Pferde, die vor allem beim Frühjahrsmeeting im Mai und bei der Großen Woche Ende August/Anfang September weite Flugreisen hinter sich haben, bevor sie um hohe Siegprämien rennen; aber auch um Hüte, Kostüme und Beinkleider, denen die Aufmerksamkeit auch dann garantiert ist, wenn ihre Träger(innen) nicht im Galopp daherhoppeln.

So gehören Moderedakteure genauso zu den Zaungästen von Iffezheim wie Sportberichterstatter. Und wenn die Presse 1907 von einer »Revolution in Baden-Baden« sprach, dann waren damit keine Bombenleger und keine badischen Radikaldemokraten gemeint, sondern der »Hosenrock«, der als Damenbekleidung erstmals am Rande der Rennbahn gesichtet worden war. Da können Starjockeys wie Cash Asmussen oder Lester Pigott den wertvollen Vollblütern aus den Gestüten von Kaffeekönigen, Scheichs oder europäischen Königshäusern noch so engagiert die Sporen geben – die Stars von Iffezheim sind immer auch die schönen Frauen und gut betuchte Männer, die aus den

vor allem des 19. und frühen 20. Jh. geprägt. Im ehemaligen Bad- und Gasthaus zum Baldreit (18./19. Jh.) ist das **Stadtmuseum** untergebracht (Küferstr. 3), das wertvolle Kunstgegenstände aus der Geschichte der Stadt zeigt.

Auf der anderen (linken) Seite der Oos, also der Altstadt gegenüber, befindet sich der mehrgliedrige **Kurhaus-Komplex** (1821–1824) mit dem berühmten **Casino,** dessen hohe korinthische Säulen vor der weißen Fassade einen vielleicht schon so beeindrucken, daß man sich in die prachtvollen Innenräume gar nicht mehr hineinwagt. Die **Trinkhalle** (1839–1842) und das **Theater** am Goetheplatz (1860–1862) ergänzen das Kur-Ensemble.

Am 18. April 1998 wurde das große Baden-Badener **Festspielhaus** mit mehr als 2500 Plätzen eröffnet (Beim Alten Bahnhof 2). Hinter einem ehemaligen Bahnhofsgebäude aus dem späten 19. Jh., das ein Teil der Gesamtarchitektur wurde, ragt der neue repräsentative Bühnenbau auf, dessen terrassenförmig angebrachte Obelisken von Anfang

Rennen zweimal im Jahr gesellschaftliche Großereignisse machen. Daran hat sich auch nach fast 150 Jahren nichts geändert.

Gründer der Iffezheimer Galopprennen war übrigens Edouard Bénazet, der seinen Casino-Gästen einen weiteren Grund bescheren wollte, die Reise nach Baden-Baden anzutreten. Er tat dies in weiser Voraussicht, denn als Bismarck 1872 das Roulette-Spiel von Staats wegen verbot, gab es mit den Rennwochen zumindest noch einen hochkarätigen Anlaß, dem Glücksspiel zu frönen. Die Kugel hatte für einige Zeit aufgehört, in der Schüssel zu rollen, dafür rannten die Pferde im Kreis – und so groß ist der Unterschied für den Spiel- und Wettbegeisterten dann auch nicht. Dieser Kreis ist in Iffezheim übrigens nach dem Vorbild von Longchamp im Bois de Boulogne bei Paris angelegt.

Das Spielbankverbot von 1872 bewirkte auch eine bis in unsere Tage wirksame Nachfolgeregelung für die Ausrichtung der Pferderennen. In Baden-Baden ansässige Mitglieder des deutschen, österreichisch-ungarischen, englischen und russischen Adels gründeten damals den »Internationalen Club« als Träger und Veranstalter der internationalen Galopprennen. Noch heute kommt dieser Club seinen Aufgaben nach und begrüßt handverlesene Gäste anläßlich großer Rennen bei Champagner und Edelhäppchen in seiner Residenz am Kurpark von Baden-Baden.

Helmuth Bischoff

an zu einem besonderen architektonischen Akzent der Stadt geworden sind.

Seit 1267 lebten Juden in der Markgrafschaft Baden. Eine jüdische Gemeinde bestand in Baden-Baden bis zu ihrer Vernichtung durch die Nazis. 1956 wurde eine neue jüdische Gemeinde gegründet. Ein Teil des Friedhofs im Stadtteil Lichtental ist ein **jüdischer Friedhof** (Eckbergstr.).

Im selben Stadtteil (südöstlich des Baden-Badener Zentrums) kann man das **Kloster Lichtental** aufsuchen, eine im Jahr 1245 durch die Markgräfin Irmengard von Baden gegründete Zisterzienserinnenabtei. Besucher haben eine durch ihre bauliche Geschlossenheit beeindruckende Klosteranlage mit einem weiten Innenhof vor sich. In ihren Grundrissen geht sie auf das 14./15. Jh. zurück; die Einzelgebäude des Klosters wurden später freilich erneuert. So entstanden etwa der Konventbau 1728–1734 und der Torbau 1781. Die Hauptsehenswürdigkeit ist die im 15. Jh. veränderte **Abteikirche.**

Kloster Lichtental

Die Kontinuität des Klosterlebens wurde bis auf den heutigen Tag nie unterbrochen. Von den im Kloster lebenden Nonnen wird eine Grundschule geleitet.

In der Nähe, nämlich in der Maximilianstraße (Nr. 85), lädt das **Brahmshaus** zu einem Besuch ein. Der Komponist Johannes Brahms (1833–1897) verbrachte hier die Sommer der Jahre 1865–1874.

In der direkten Umgebung der Stadt Baden-Baden können drei Ruinen besichtigt werden, die Einkehrmöglichkeiten bieten. Südwestlich der Stadt liegt die große **Ruine Yburg,** nördlich die **Burg Hohenbaden,** der Stammsitz der Markgrafen von Baden, und nordöstlich die **Ruine Alteberstein.** Alle drei Ruinen kann man mit dem Auto erreichen. Auf den **Merkurgipfel** (östlich der Stadt) kann man mit einer Standseilbahn hinauffahren.

Gernsbach

Wenn man Baden-Baden in östlicher Richtung verläßt, erreicht man Gernsbach (ca. 15 000 Einw.). Das Stadtbild wird vom Fluß Murg sowie der Unteren und Oberen Kirche geprägt. Gernsbach, das 1219 erstmals urkundlich erwähnt wurde, entwickelte sich bald zu einem kleinen Handelszentrum, das später vor allem vom Holzhandel und von der Flößerei profitierte. Im 19.

Jh. begann die Papierindustrie eine große Rolle zu spielen, heute ist die Metallverarbeitung wichtiger.

Stadtrundgang

Am Rande des Marktplatzes ist das **ehemalige Rathaus** zu sehen, ein Renaissancebau (1617/18) und eines der wenigen Gebäude, das die großen Brände von 1787 und 1798 überstanden hat.

Die auf der Anhöhe liegende katholische **Obere Kirche** oder **Pfarrkirche Unserer Lieben Frau** entstand im 14. Jh., wurde 1833 aber erheblich erweitert und neugotisch verändert. Der Turm ist noch vom älteren Bau vorhanden und war ursprünglich wie der nahe **Storchenturm** ein Teil der im 13. Jh. geschaffenen Stadtbefestigung. Originell wirkt die Brücke, die über die ehemalige Stadtmauer zu einem ebenfalls 1833 angelegten Friedhof führt.

Die **Untere Kirche,** nahe beim Fluß, ist eine spätgotische Jakobskirche (1467–1471), die vermutlich an einem alten Jakobuspilgerweg lag.

Bad Herrenalb und Frauenalb

Nordöstlich von Gernsbach liegt **Bad Herrenalb** (ca. 7100 Einw.), wo vor allem der **ehemalige Klosterbezirk** im Zentrum (nahe beim Kurhaus) interessant ist. Leider ist von dem 1149 gegründeten Zisterzienserkloster nicht mehr allzu viel übrig. Schulden, eine Plünderung durch aufständische Bauern (1525) und die endgültige Zerstörung im Dreißigjährigen Krieg sind dafür verantwortlich.

Geblieben ist neben einem Turmrest (15. Jh.) der ehemaligen Befestigung der Abtei nur die Ruine des Ende des 12. Jh. erbauten »Paradieses«, also der Vorhalle einer frühmittelalterlichen Basilika. Die sich anschließende **evangelische Kirche** besteht im Kern aus romanischen Teilen ihres klösterlichen Vorgängerbaus (z. B. Westwand, 12. Jh.). Der Chor ist spätgotisch (1478); Langhaus und Turm entstanden erst im Jahr 1739.

Zur Entwicklung der Stadt Bad Herrenalb (Stadt seit 1887; Bad-Titel seit 1971) hat hauptsächlich ihre Ausrichtung als Kurort beigetragen, schon seit dem 19. Jh., im wesentlichen aber erst seit 1949. Glücklicherweise blieb das Zentrum des Badeortes von Bebauungen verschont, so daß mitten in der Stadt ein relativ freier Kurpark-Bereich entstehen konnte.

Wenn man sich von Bad Herrenalb aus nach Norden wendet, also das Albtal entlangfährt, erblickt man schon nach wenigen Kilometern die Ruine einer mächtigen Klosterkirche: **Frauenalb.** Über eine Brücke mit einer Nepomukstatue sowie an einem Sägewerk und einem Altersheim vorbei be-

Hotel mit langer Tradition: Hotel Post in Bad Herrenalb

gibt man sich in den ehemaligen Klosterbezirk. Das nach 1180 gestiftete **Benediktinerinnenkloster** geht wie die Herrenalb auf die Adelsfamilie der Eberstein zurück.

Nach wechselvoller Geschichte wurde das Kloster in der Säkularisation 1802 aufgelöst und danach profan genutzt. Mehrere Brände, besonders der letzte Brand im Jahr 1853, ließen das Kloster und seine Kirche (18. Jh.) weitgehend zur Ruine werden. Die nur noch in ihren Außenmauern erhaltene Klosterkirche hat etwas Gespenstisches an sich und vermag dadurch erst recht zu beeindrucken.

Bad Wildbad

Das letzte Ziel dieser Route, Bad Wildbad, erreicht man über Bad Herrenalb und dort links hinauf in den Wald, um auf den Ort Dobel und die B 294 zuzuhalten, eine angenehme Waldstrecke. Der B 294 dann nach Süden folgen und nach einigen Kilometern rechts in Richtung Bad Wildbad (ca. 11 000 Einw.) abbiegen, das an der Großen Enz liegt. »Bad« darf sich die Stadt seit 1992 nennen.

1840–1870 war die Blütezeit des Bades, als internationales Publikum, viele hochgestellte Persönlichkeiten und nicht zuletzt Dichter das berühmte Bad im Schwarzwald aufsuchten.

Das Bad ist im wahrsten Sinne des Wortes ein Wildbad, also ein Ort, wo auf natürliche Weise heißes Wasser an die Oberfläche tritt. Und als solcher war er wahrscheinlich schon im 12. Jh. bekannt. Doch wer heute an der Enz und ihren Brücken entlang durch die Stadt flaniert, hat nicht mehr das alte Stadtbild vor Augen. Zwischen dem 14. und 18. Jh. nämlich haben mehrere schwere Brände Wildbad völlig verändert.

Manch Elegantes und manch Modernes prägen die Stadt, die gerade daraus ihre unverwechselbare Kurbad-Atmosphäre zieht. Sehenswürdigkeiten sind allemal die **evangelische Stadtkirche** am Kurplatz, die mit ihrer Rokokofassade den Jahren 1746–1748 entstammt, oder das **Graf-Eberhart-Bad** von 1840–1847 (Kurplatz 9) und das **König-Karl-Bad** (König-Karl-Str. 1) mit seinem prachtvoll ausgestatteten Treppenhaus (u. a. Allegorien auf das Badewesen), das 1881–1892 entstanden ist. Ein **Heimat- und Flößermuseum** befindet sich im nordwestlichen Stadtteil Calmbach (Bergstr. 1), das in Modellen und Originalen die Welt der Flößer lebendig werden läßt.

Wer gern hoch hinaus möchte, kann mit der seit 1908 bestehenden Standseilbahn vom Stadtzentrum aus auf den 750 m hohen, westlich gelegenen **Sommerberg** fahren. Eine richtige Waldwanderung (hin und zurück ca. 15 km) kann man von Wildbad bzw. dem Sommerberg aus in südwestlicher Richtung zum Naturschutzgebiet **Wildseemoor** bei Kaltenbronn unternehmen, dem größten Hochmoor Deutschlands.

Route: ca. 140 km; mind. 3–4 Tage, wobei für Baden-Baden oder die Ausflüge nach Karlsruhe und Rastatt zusätzlich Zeit eingeplant werden sollte. Die höhergelegenen Waldstrecken sind im Herbst und Winter mit Vorsicht zu befahren. Die Hauptstrekken im Rheintal sind verkehrsreich.

Unterkunft (Auswahl) in Baden-Baden: Die Übernachtungsangebote der Stadt sind ausgesprochen reichhaltig und reichen von Luxushotels bis zu preisgünstigen Unterkünften. Die folgende Auswahl der Hotels ist in dieser Reihenfolge zu lesen:
Altes Schloß, Alter Schloßweg 10, ✆ 072 21/269 48, Fax 39 17 75: Übernachtungen im (Mond-)Schatten der Burgruine Hohenbaden (nordwestl. d. Stadt). Bad-Hotel zum Hirsch, Hirschstr. 1, ✆ 072 21/93 90, Fax 381 48: gilt als das älteste Hotel Baden-Badens; idyllisch in der Altstadt gelegen. Brenner's Park Hotel & Spa, An der Lichtentaler Allee, ✆ 072 21/90 00, Fax 387 72: traditionsreich, luxuriös, angemessene Preise. Der Kleine Prinz, Lichtentaler Str. 36, ✆ 072 21/34 64, Fax 382 64: Das Hotel setzt auf Romantik: Ausgestaltung im Sinne von Antoine de Saint-Exupérys Erzählung »Der Kleine Prinz«. Forellenhof Landidyll-Waldhotel, Stadtteil Gaisbach (Nr. 91/südöstl. an der Straße nach Forbach u. dort direkt gegenüber der Abzweigung nach Gernsbach), ✆ 072 21/97 40, Fax 97 42 99: nicht nur bekannt durch seine bewährte Forellenzucht, sondern auch durch die 1964 gedrehte Fernsehreihe »Forellenhof« des SWF. Holland Hotel Sophienpark, Sophienstr. 14, ✆ 072 21/35 60, Fax 35 61 21: Haus mit Tradition, eigenem Park und großer Terrasse. Roederhof, Stadtteil Neuweier (südwestl.), Im Nußgürtel 2, ✆ 072 23/520 44, Fax 526 12: Gästehaus mit persönlicher Atmosphäre.

... in Bad Herrenalb: Mönchs Posthotel, Dobler Str. 2, ✆ 070 83/74 40, Fax 74 41 22: direkt am Kurhaus gelegen in einem historischen Gebäude und in der Fortsetzung einer Tradition, die als Herberge 1525 begann. Treff Hotel Bad Herrenalb, Dobler Str. 26, ✆ 070 83/74 20, Fax 40 71: Das Haus liegt zwischen Kurpark und Waldrand.

... in Bad Wildbad: Badhotel, Kurplatz 5, ✆ 070 81/17 60, Fax 17 61 70: Zentrale Lage. Hotel Bären, Kurplatz 4–6, ✆ 070 81/30 10, Fax 30 11 66: zentral gelegenes, eindrucksvolles Haus. Hotel Post, Kurplatz 2, ✆ 070 81/16 11, Fax 16 90: zentrale Lage. Pauschalangebot »Kur und Literatur«. Hotel-Waldcafé

Hochwiesenhof, Hochwiesenhof 4, 0 70 81/86 83, Fax 3 83 92: ruhige Lage inmitten der Natur.

... in Ettlingen: Hotel Erbprinz, Rheinstr. 1, ✆ 072 43/32 20, Fax 164 71: Haus gehobener Kategorie.

... in Gernsbach: Hotel-Restaurant Sonnenhof, Loffenauer Str. 33, ✆ 072 24/64 80, Fax 648 60: durch die Hanglage des Hotels mit Ausblick auf die Stadt.

... in Neuenbürg: Hotel-Restaurant Zur Alten Mühle, Im Gänsbrunnen, ✆ 070 82/924 00, Fax 92 40 99: Restaurant mit eigener Fischzucht, bekannt für seine Fischspezialitäten.

Essen und Trinken (Auswahl) auf Burg Alteberstein: ✆ 072 21/288 99.

... in Baden-Baden: Kurhaus-Restaurant, Kaiserallee 1, ✆ 072 21/90 70. Alte Laterne, Gernsbacher Str. 10, ✆ 072 21/27 13 18. La Provence, Schloßstr. 20, ✆ 072 21/255 50. Papalangi, Lichtentaler Str. 13, ✆ 072 21/316 16. Waldhorn, Ortsteil Oberbeuern (südöstl.), Beuerner Str. 54, ✆ 072 21/722 88. Restaurant Schloß Neuweier, Ortsteil Neuweier (südwestl.), Mauerbergstr. 21, ✆ 072 23/579 44: Schloß Neuweier ist im Kern mittelalterl., wurde aber im 18.–20. Jh. mehrfach verändert.

... in Bad Herrenalb: Klosterschänke, Dobler Str. 2, ✆ 070 83/74 40.

... in Bad Wildbad: Hochwiesenhof, Hochwiesenhof 4, ✆ 070 81/86 83.

... in Ettlingen: Badischer Hof, Leopoldstr. 28, ✆ 072 43/317 69. Ins Bett, Albstr. 23, 072 43/171 55.

... in Frauenalb: König von Preußen, ✆ 072 48/16 17.

... auf Burg Hohenbaden: Altes Schloß Hohenbaden, Alter Schloßweg 10, ✆ 072 21/269 48.

... auf Burg Yburg: ✆ 072 21/254 75.

Öffnungszeiten in Baden-Baden: Brahmshaus, Maximilianstr. 85, ✆ 072 21/711 72: Mo, Mi, Fr 15–17 Uhr, So u. Feiertage 10–13 Uhr.
Kloster Lichtental, Hauptstr. 40, ✆ 072 21/723 32: Führungen mit Anmeldung an der Klosterpforte (ab 7 Personen) tgl. 15 Uhr, Mo u. an jedem 1. So im Monat geschl.; die Abteikirche ist Di–So tagsüber geöffnet.
Stadtmuseum im Baldreit, Küferstr. 3, ✆ 072 21/93 22 72: Di–So 10–12.30 u. 14–17 Uhr.
Stadtmuseum im Neuen Schloß, Schloßstr., ✆ 072 21/93 22 74: April–Okt. Di–So, 10–12.30 u. 14–17 Uhr.

... in Bad Wildbad: Heimat- u. Flößermuseum, Stadtteil Calmbach/Bergstr. 1, ✆ 070 81/101 18: So 15–17 Uhr.

... in Ettlingen: Museen im Ettlinger Schloß, ✆ 072 43/10 12 73 od. 10 12 59: Di, Do–So 10–17, Mi 13–20 Uhr, Führungen Sa u. So.14 Uhr.

... im Schloß Favorite: ✆ 072 22/412 07: Schloßführungen, Mitte März–Sept. tgl. außer Mo 9–17 Uhr, Okt.–Mitte Nov. tgl. außer Mo, 9–16 Uhr.

... im Kloster Lichtental: s. Baden-Baden.

... in Marxzell: Fahrzeugmuseum, Ortsteil Pfaffenrot, ✆ 072 48/62 62: tgl. 14–17 Uhr.

... in Neuenbürg: »Frischglück-Grube«, an der Straße nach Waldrennach,

✆ 070 82/791 00: April–Okt., Sa, So u. Feiertage, 10–17 Uhr. Das Heimatmuseum im Schloß ist z. Zt. nicht zu besichtigen.

Kulturelle Veranstaltungen in Baden-Baden: Festspielhaus, Beim Alten Bahnhof 2, ✆ 0 72 21/ 301 31 01, Fax 301 31 01 (Information und Kartenbestellung). Zudem finden in Baden-Baden regelmäßig Kurkonzerte statt.
Über den Spielplan des Theaters am Goetheplatz kann man sich unter ✆ 072 21/93 27 00 od. 93 27 01, Fax 93 27 05 informieren.
... in Bad Herrenalb: Bad Herrenalber Klosterfest jeweils am 1. Augustwochenende. Außerdem Kurkonzerte.
... in Bad Wildbad: Rossini-Festival im Juli, genaues Datum über Reise- u. Verkehrsbüro, s. Information (der Komponist Rossini weilte 1856 zur Kur in der Stadt). Außerdem Kurkonzerte, Theaterabende etc.
... in Ettlingen: Schloßfestspiele im Ettlinger Schloß im Juli u. Aug.: Informationen u. Kartenvorverkauf, Theaterkasse im Schloß, ✆ 072 43/10 13 80, Fax 10 15 30. Ebenfalls im Ettlinger Schloß können das ganze Jahr über musikalische Veranstaltungen besucht werden. Besonderer Höhepunkt ist der internationale Pianisten-Wettbewerb alle zwei Jahre im August (nur in Jahren mit geraden Jahreszahlen): Auskünfte s. Information.
... in Gernsbach: Altstadtfest am 3. Septemberwochenende. Kurkonzerte im Kurpark zwischen Mai u. Sept.
... in Neuenbürg: Flößer- oder Schloßbergfest im alljährlichen Wechsel am ersten September-Wochenende. Maimarkt am ersten Wochenende im Mai.

Führungen in Baden-Baden: Stadtführungen: ✆ 072 21/27 52 81. Führungen durch den Fernsehbereich des Südwestrundfunks, Hans-Bredow-Str. 20, ✆ 072 21/929 33 16, Fax 929 39 17: Mo–Fr nach Voranmeldung beim Besucherdienst des SWR (ca. 4 Monate), i. d. R. nur für Gruppen von 15–22 Personen, Dauer der Führung ca. 2–3 Std.
Führungen durch die Parks der Stadt, Gartenamt der Stadt Baden-Baden, ✆ 072 21/93 12 01.
... in Ettlingen: Stadtführungen, s. Information.
... in Gernsbach: Stadtführungen über das Kultur- und Verkehrsamt, s. Information.

Information in Baden-Baden: Touristinformation Baden-Baden, Augustaplatz 8, 76530 Baden-Baden, ✆ 072 21/ 27 52 00, Fax 27 52 02, und Schwarzwaldstr. 52/Stadteinfahrt B 500.
... in Bad Herrenalb: Tourismusbüro, Bahnhofsplatz 1, 76332 Bad Herrenalb, ✆ 070 83/50 05 55, Fax 50 05 44.
... in Bad Wildbad: Bäder- u. Kurbetriebsges. mbH, König-Karl-Str. 5–7, 75323 Bad Wildbad, ✆ 070 81/ 30 30, Fax 20 71. Reise- u. Verkehrsbüro Wildbad GmbH, König-Karl-Str. 5–7, 75323 Bad Wildbad, ✆ 070 81/ 102 80, Fax 102 90.
... in Ettlingen: Stadtinformation, Schillerstr. 7–9, 76275 Ettlingen, ✆ 072 43/10 12 21, Fax 10 14 30.
... in Gernsbach: Kultur- und Verkehrsamt Gernsbach, Igelbachstr. 11, 76593 Gernsbach, ✆ 072 24/644 44, Fax 644 64.
... in Marxzell-Pfaffenrot: Bürgermeisteramt Marxzell, Rathaus Pfaffenrot, 76359 Marxzell, ✆ 072 48/914 70, Fax 91 47 25.
... in Neuenbürg: Städtisches Verkehrsamt, Rathaus, Rathausstr. 2, 75305 Neuenbürg, ✆ 070 82/791 00, Fax 79 10 65.

Route 3: Von Altensteig über Nagold, Horb und Freudenstadt ins Murgtal

Altensteig, die Stadt auf der Anhöhe. Nagold, die Stadt am Fluß. Die Horber Madonna und der Horber Tod. Die quadratische Stadt zur Freude des Herzogs: Freudenstadt. Die Klosterkirche drunten im Tal, der Stausee droben im Wald.

Von Bad Wildbad geht es über die »Schwarzwald-Bäderstraße« an der Großen Enz entlang, die sich nördlich von Wildbad mit der Kleinen Enz vereinigt, Richtung Südwesten bis zur B 294. Dabei kommt man durch den Luftkurort **Enzklösterle,** der Besuchern eine Einführung in historische (Schwarz-)Waldberufe präsentiert (Harzgewinnung, Kohlenmeiler, Rußhütte u. a.). Der B 294 folgt man rechts bis zum Ort Besenfeld. Kurz vor Besenfeld, und zwar in dem Weiler **Urnagold**, trifft man auf die Urquelle des Flusses Nagold (im nahen Wald).

In Besenfeld muß man nach links abbiegen, um mit der jungen Nagold an der Seite zu den beiden Becken der **Nagoldtalsperre** zu kommen. In den Jahren 1965–1970 wurden die Hochwasserrückhaltebecken angelegt, die einen 3 km langen, bogenförmigen See bilden, der für alle möglichen Wassersportarten sehr geeignet ist.

Altensteig

Die Nagold, hier kaum breiter als ein Bach, führt uns in ihrem beschaulichen Tal nach Altensteig (ca. 10 000 Einw.).

Der alte Teil der Stadt besitzt ein Flair, das gern als malerisch bezeichnet wird: terrassenförmig an einem Hang über dem Fluß angeordnete spitzgiebelige Häuser, Gassen und Treppen dazwischen und obenauf Burgschloß und Kirche. Zu Fuß sollte man sich hinaufbegeben und die Stimmung auskosten.

Die imposante saalartige **evangelische Stadtkirche** entstammt den Jahren 1773–1775. Sie wurde im 20. Jh. mehrfach renoviert. Bereits 1556 wurde Altensteig protestantisch.

Der Ort wurde im 11. Jh erstmals erwähnt. Das alte **Burgschloß,** das gleich neben der Kirche aufragt, hat einen spätroma-

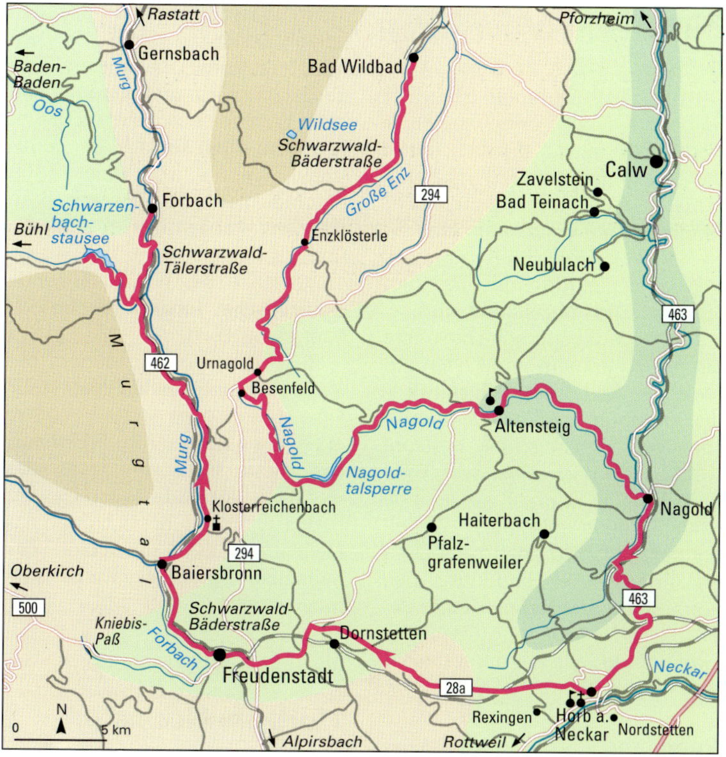

Route 3

nischen Kern und gilt als der Ursprung der Stadt. Recht gedrungen wirkt der in das Steinhaus übergehende Turm mit seinem Fachwerkobergeschoß. Nach Süden hin wurde im Spätmittelalter ein neuerer Schloßteil angefügt.

Der ältere Schloßtrakt beherbergt ein interessantes **Heimatmuseum,** das u. a. die Geschichte des Handels und des Handwerks der Region darstellt. Wie viele Städte im Schwarzwald war Altensteig für den Holzhandel und die Flößerei bekannt.

Wenn man Altensteig in südöstlicher Richtung verläßt, nähert man sich, wiederum durch das landschaftlich reizvolle Nagoldtal, der Stadt an, die ihren Namen dem Fluß verdankt: Nagold.

Nagold

Die bis ins 19. Jh. hinein bäuerlich und handwerklich orientierte Stadt (ca. 11 000 Einw.), die sich durch mehrere angrenzende Herrschaftsgebiete über Jahrhunderte nicht sonderlich gut entwickeln konnte, ist heute ein industriell geprägtes Mittelzentrum, das als »Tor zum Schwarzwald« bezeichnet wird.

Die Besiedlungsgeschichte reicht bis zu den Römern und Kelten zurück. Ein **keltisches Hügelgrab** – der Krautbühl oder Heidenbühl – kann an der Uferstraße bestaunt werden. Nagold selbst war Ende des 13. Jh. als planvoll ausgeführte Stadtgründung entstanden. Zu leiden hatte Nagold unter dem Dreißigjährigen Krieg und unter den französischen Feldzügen Ende des 17. Jh. Im 19. Jh. zerstörten vier Großbrände Teile der Innenstadt.

Rundgang

Die **Burg Hohennagold** auf dem Schloßberg, die nur mehr Ruine ist, dürfte im 11. Jh. begründet worden sein. Die ältesten Mauerreste stammen aus dem 13. Jh. Am Ende des Dreißigjährigen Kriegs wurde die Burg arg beschädigt und deshalb ab 1646 durch den Herzog von Württemberg zum Abbruch freigegeben. Man sollte sich nicht scheuen, von der Nagold aus den steilen Pfad hinaufzugehen (Hinweisschilder).

Freilich sollte man auch einen kurzen Rundgang durch das Zentrum mit seiner lebendigen Fußgängerzone unternehmen und beim Wahrzeichen der Stadt beginnen, dem **Alten Turm** an der Turmstraße. Der ist von einer 1360 errichteten und 1876 wegen Baufälligkeit abgetragenen Kirche übriggeblieben. Als Ersatz wurde 1870–1874 die erhöht liegende **evangelische Johanneskirche** erbaut (neugotisch).

Beachtenswert sind zudem der traditionsreiche **Gasthof Post** (1697; Ecke Herrenberger Str./Bahnhofstr.) oder das sogenannte **Steinhaus,** das älteste Haus der Stadt, das wohl ein Adelssitz war (13. Jh.; Badgasse 3). Nun hat sich darin das Heimatmuseum eingerichtet, das heimatkundliche Wechselausstellung anbietet.

Horb am Neckar

Der B 463 nach Süden folgend, erreicht man als nächste Reisestation das Städtchen Horb (ca. 5500 Einw.); dazu muß man den Schwarzwald zum Neckar hin verlassen. Die Horber Altstadt liegt freilich nicht im Tal, sondern thront über dem Fluß.

Die Nagold ist ein ideales Revier zum Bötchenfahren

Geschichte

Horbs Geschichte beginnt urkundlich mit dem Jahr 1101. Die Pfalzgrafen von Tübingen besaßen die damalige Herrschaft über Horb, traten sie aber 1294 an die Grafen von Hohenberg ab, die Horb 1381 aus finanziellen Gründen an Herzog Leopold III. von Österreich verkauften. Horb war fortan habsburgisch, um schließlich durch die territorialen Umverteilungen Napoleons 1806 württembergisch zu werden.

Rundgang

Von den ehemals drei Burgen, die für die Stadtgründung wichtig waren, steht nur noch ein Gebäude, nämlich der **Schurkenturm,** und zwar neben der katholischen **Stiftskirche Heilig-Kreuz,** also auf dem höchsten Punkt der Altstadt.

Direkt an diesem oberen Burgschloß gab es seit dem 13. Jh. eine Niederlassung der Dominikanerinnen, welche die damals unbewohnte Burg 1758 kauften und bis auf besagten Schurkenturm abreißen ließen. Außer dem Schurkenturm, der diesen Namen trägt, weil er das Gefängnis war, befindet sich dort das nach einem verheerenden Stadtbrand (1725) wiedererrichtete **Haus des Dominikanerinnenklosters** nahe der Heilig-Kreuz-Kirche. Die Gebäude bilden ein in sich geschlossenes Ensemble, von dessen Terrasse aus man einen hübschen Blick ins Neckartal hat. Das Kloster wurde 1806 im Zuge der Säkularisation aufgelöst.

Die **Heilig-Kreuz-Kirche** selbst geht auf einen Kirchenbau des 13. Jh. zurück. Das jetzige Hauptschiff ist freilich jünger (nach 1728), denn der Stadtbrand von 1725 hat auch die Kirche nicht verschont. Von der Innenausstattung der barocken Saalkirche verdienen vor allem die barocke Orgel sowie das gotische Frauenchörlein (Seitenkapelle rechts vom Chor) mit der »Horber Madonna« Beachtung.

Am eher still wirkenden Marktplatz, der wenige Einkaufsmöglichkeiten bietet, trifft man auf das **Rathaus** (1765), das durch seine Bemalung mit stadtgeschichtlichen Motiven (von 1925) auffällt. Der Marktstraße folgend, stößt man auf die **Liebfrauenkapelle** oder **Spitalkirche,** deren Chor als kleinere Kapelle wohl um 1280 errichtet wurde. Im 14. Jh. erfolgte ihr Ausbau zur Kirche. In ihrem vom Hauptschiff aus leicht verschobenen Chor gilt es einen gotischen Flügelaltar (um 1520) und ein mittelalterliches Fresko (um 1400) mit dem »Horber Tod« zu bewundern: der Tod als Schnitter mit einer übergroßen Sense.

Unter der Vielzahl historischer Gebäude sei besonders das **Haus »Hoher Giebel«** hervorgehoben (1622/Neckarstr. 74), worin das Heimatmuseum zu finden ist, das u. a. historische Zunftfahnen zeigt. Wirtschaftlich wurde die Stadt von Tuchmachern und Flößern geprägt.

Hübsche Details in Horb

Man kann auch westlich zum **Schütteturm,** einem Wachturm aus dem 15. Jh. (daneben befindet sich die Ottilienkapelle von 1531), oder nördlich auf den **Kreuzerberg,** einer alten Richtstätte, hinaufwandern. Vom Schütteturm aus (der Schlüssel ist bei der Stadtinformation erhältlich, außer zu den Brutzeiten der im Turm nistenden Vögel) und vom Kreuzerberg läßt sich an klaren Tagen eine weite Aussicht genießen.

Zu den wichtigen Persönlichkeiten der Stadt zählt der berühmte Bildhauer **Veit Stoß,** der wahrscheinlich 1447 in Horb geboren wurde. Ein sicherer Nachweis fehlt. Im Stadtteil **Nordstetten** kam 1812 der Schwarzwalddichter **Berthold Auerbach** zur Welt (Geburtshaus: Fabrikstr. 2), der eigentlich Moses Baruch Auerbach hieß, also jüdischer Herkunft war. Auerbach traf mit seinen »Schwarzwälder Dorfgeschichten«, die vielgelesen waren, den Geschmack des damaligen Publikums. Der Autor verstarb 1882 im französischen Cannes, liegt aber auf dem jüdischen Friedhof von Nordstetten begraben (südlich des Ortes).

Das **Schloß** (1739/40) bzw. **Rathaus** in Nordstetten birgt ein Berthold-Auerbach-Museum. Neben seinem literarischen Werk werden vor allem Briefe des Dichters gezeigt. Die Gegend um Horb

»Und ewig ticken die Wälder«

Schwarzwalduhren

Rund 70 Millionen Uhren werden alljährlich im Schwarzwald produziert, hauptsächlich in Pforzheim, Villingen-Schwenningen oder im Bereich Schramberg–Triberg–Neustadt.

Aber nicht nur der Klassiker, die Kuckucksuhr, die man in aller Welt automatisch mit dem Schwarzwald verbindet, steht hoch im Kurs. Hergestellt werden heutzutage auch elektronische Uhren – Armbanduhren, Industrie-Meßgeräte, Standuhren, Designeruhren – oder andere rustikal wirkenden Schmuckuhren. Der Uhren-Gesamtumsatz überschreitet die Milliardengrenze.

Dennoch – die Faszination für die Kuckucksuhr bleibt: unter Einheimischen genauso wie unter Engländern, Amerikanern und Japanern, die es in den Touristenzentren in Uhrengeschäfte oder in Antiquitätenläden zieht, um einen hölzernen Kasten mit der typischen Kuckucksfigur zu erwerben. Das Uhrgehäuse sieht aus wie ein kleines Schwarzwaldhäuschen: Das Satteldach ist mit Schnitzereien versehen, die sich um das ganze Gehäuse fortranken. Unten an den Uhrenketten zum Aufziehen hängen Tannenzapfen als Gewichte. Das ist nicht reiner Touristenkitsch; schließlich blickt die Uhrmacherei gerade im südlichen Schwarzwald auf eine lange Tradition zurück.

Warum aber wurden gerade die Schwarzwaldbauern zu Uhrmachern, Uhrschildmalern und Uhrhändlern? 1995 befaßte sich die Ausstellung »Und ewig ticken die Wälder« des Badischen Landesmuseums im Schloß Bruchsal mit dieser Frage: In einem offiziellen Bericht aus dem Jahr 1741 war dort von vielen »hundert Personen« zu lesen, »welche diese oder jene Arbeit aus ihrem eigenen Kopf erfunden und ohne Lehrmeister erlernet« haben. Eine »künstlerische Wesensart« wurde den Schwarzwaldbewohnern bezeugt, und zusätzlich besaßen sie das nötige handwerkliche Geschick.

Die Holzverarbeitung – u. a. Schindeln und Werkzeuge – war immer schon ein Erwerbszweig der Schwarzwaldbauern gewesen. Ende

ist insgesamt reich an jüdischer Geschichte, worauf mehrere jüdische Friedhöfe und eine Gedenkstätte in der evangelischen Kirche (ehemalige Synagoge) von **Rexingen** hinweisen.

Wir verlassen Horb und das Neckartal und begeben uns in

Kunstuhr von August Noll im Furtwanger Uhrenmuseum

des 18. Jh. wurden einige von böhmischen Glasträgern dazu angeregt, für ihre eigene Stube schöne Uhren zu bemalen – womit die beiden großen mitteleuropäischen Wälder, der Schwarzwald und der Böhmerwald, in Beziehung zueinander traten. Als die Uhrenherstellung im Schwarzwald schneller von der Hand ging, wurde auch für den Verkauf produziert: statt des Glases trugen die Bauern aus Waldau auf ihrem Tragegerät, der Krätze, Uhren in die deutschen, französischen und Schweizer Lande. Dort holten sie sich neue Anregungen, verfeinerten ihre Technik und die Bemalungskunst. Die Uhrschildmalerei wurde zum eigenen Berufszweig genauso wie das Uhrenschnitzen und das Herstellen der Uhrwerke – nun mit Metall statt mit Holz. Schon im 19. Jh. wurden die Uhren nach England exportiert. Und die Engländer kamen daraufhin zu Besuch in den »Black forest«, wo sie den Fremdenverkehr belebten. Alles dank der Kuckucksuhr.

westlicher Richtung wieder tiefer hinein in den Schwarzwald, um über eine teilweise auf der Anhöhe geführten Straße und den Ort **Dornstetten** nach Freudenstadt zu gelangen, dem »heilklimatischen Kurort« auf der Hochfläche des Nordschwarzwalds.

Freudenstadt

Wir steuern sogleich das quadratisch angelegte Zentrum der Stadt an (ca. 22 000 Einw.). Parkmöglichkeiten sind rund um die Innenstadt und den Marktplatz ausgewiesen.

Stadtgeschichte und Stadtrundgang

Kaum zu glauben, daß sich an dieser Stelle bis ins Jahr 1599 nur eine Waldlandschaft erstreckte und nur der Weiler Christophstal (nordwestlich der heutigen Stadt) als herzogliches Silberbergwerk existierte. Als Ende des 16. Jh. Herzog Friedrich I. von Württemberg (1557–1608) die Chance sah, sein rechtsrheinisches Herzogtum durch den (vergeblich) erhofften Erwerb des Bistums Straßburg zu vergrößern, beauftragte er seinen herzoglichen Landbaumeister, Heinrich Schickhardt (1558–1634), eine neue Residenzstadt direkt an der Grenze zum Bistum Straßburg, am **Kniebis-Paß,** zu errichten.

Die Anlage entspricht dem idealen Stadtplan der Renaissance, ist also mühlbrettartig um einen überdimensionierten Platz angelegt, auf dem noch ein zentrales Schloß stehen sollte, das jedoch nie gebaut wurde. So entstand immerhin der größte **Marktplatz** Deutschlands. Und die nach italienischen Vorbildern ausgeführten Arkaden vor den Häusern verstärken noch den Raumeindruck.

Unterbrochen werden die Arkaden von dem Winkelhakenbau der **evangelischen Stadtkirche,** die eine Ecke des Marktplatzes einnimmt. 1601 wurde der Grundstein der Kirche gelegt, und die Stadt erhielt ihren sprechenden Namen: Nach dem Willen des Herzogs sollte sie zu seiner eigenen Freude und zur Freude der Einwohnerschaft gedeihen, die sich in der ersten Zeit vorwiegend aus protestantischen Glaubensflüchtlingen des Habsburgerreichs zusammensetzte.

Richtigen Wohlstand brachte Ende des 19. Jh. die Verwandlung

Am Marktplatz in Freudenstadt

Freudenstadts in einen Kurort, wofür der 2500 ha umfassende **Stadtwald** eine wichtige Voraussetzung war. Ab 1908 erfolgte die Umgestaltung des Stadtwalds in einen Parkwald (im Süden und Westen der Stadt).

Im April 1945 wurde die gesamte Innenstadt bei der Eroberung durch französische Truppen zerstört, nachdem die Nazis Freudenstadt zur Festung erklärt hatten. Fast alle Häuser am Marktplatz lagen in Trümmern. Der Wiederaufbau zwischen 1948–1954 gilt als vorbildlich. Auch die bis auf die Außenmauern eingestürzte und niedergebrannte Stadtkirche wurde 1947–1950 restauriert.

Es macht Spaß, durch die **Arkaden des Marktplatzes** (auch bei schlechtem Wetter) zu schlendern, einzukaufen, ein Café zu besuchen oder die Kureinrichtungen der Stadt zu nutzen. Ein Spaziergang lohnt sich zum Aussichtsturm auf dem südlich gelegenen **Kienberg** oder zum **Bärenschlößle** (1627) an der Christophstraße (westlich), dem ehemaligen Alterssitz eines herzoglichen Bergbeamten.

Zwischen Freudenstadt und Baden-Baden verläuft die 50 km lange »Schwarzwald-Hochstraße« (zugleich B 500). Unsere Route nimmt aber nicht die Hochstraße, sondern die »Schwarzwald-Tälerstraße«. Über **Baiersbronn,** einen Ort mit vielgerühmter Gastronomie, geht es in nördlicher Richtung nach Klosterreichenbach.

Zwischen Klosterreichenbach und Forbach

Das ehemalige **Benediktinerkloster Reichenbach** im Murgtal wurde 1082 von Hirsau (s. S. 50) aus begründet. 1595 löste es Herzog Friedrich I. von Württemberg im Zuge der Reformation gewaltsam auf.

Die Klosterkirche wurde 1178 errichtet und danach noch erweitert. Eine umgestaltende Restaurierung erfolgte 1893/94, die dann 1964–1968 korrigiert wurde, indem man die ursprüngliche Form der Mönchskirche stärker zur Geltung brachte. Generell jedoch hat man über die Jahrhunderte hinweg wenig für den Erhalt der Klostergebäude getan. Die meist baufälligen Trakte um den Kreuzgang herum wurden 1791 und 1976 abgetragen.

Mit Klosterreichenbach befinden wir uns in der Nähe des **Schwarzenbachstausees,** der auf über 600 m Höhe liegt. Dazu folgen wir von Klosterreichenbach aus dem Murgtal nach Norden (B 462). Wenige Kilometer vor **Forbach** geht es links hinauf zum Stausee, der 2,2 km lang und bis zu 600 m breit ist. Er wurde 1922–1926 angelegt.

Ein ganz eigenes Vergnügen ist es, mit der **Murgtalbahn** von Rastatt nach Freudenstadt zu fahren – oder umgekehrt. Die 1928 durchgehend eröffnete Bahnlinie muß 619 m Höhenunterschied überwinden und wird durch zahlreiche Tunnels und über viele Brücken geführt.

Route: ca. 100 km; 2–3 Tage. Die Bundesstraßen sind gut befahrbar, wenn auch häufig sehr kurvenreich. Auf dieser Route werden die »Schwarzwald-Bäder-« und die »Schwarzwald-Tälerstraße« berührt.

Unterkunft (Auswahl) in Altensteig: Hotel-Gasthof Traube, Altensteig-Berneck, Hauptstr. 22, ✆ 074 53/80 04 05 od. 81 83, Fax 80 06: Hallenbad, Sauna, Kegelbahnen.
... in Dornstetten: Gasthof Waldgericht, Grüntaler Str. 4, ✆ 074 43/80 33, Fax 49 83: vermutlich das älteste Gasthaus des Nordschwarzwalds.
... in Forbach: Hotel Goldener Hirsch, Hauptstr. 2, ✆ 072 28/22 18, Fax 31 60: direkt an der Alten Holzbrücke über die Murg.
... in Freudenstadt: Hotel Schwanen, Forststr. 6, ✆ 074 41/915 50, Fax 91 55 44: Terrasse und abwechslungsreiche Speisekarte (z. B. Riesenpfannkuchen, Freudenstadter Herrenschüssel) im Hotel vom Ende des 19. Jh. Kostspieliger wird's in Kurhäusern bzw. Sanatorien, z. B. im Kurhaus Palmenwald, Lauterbadstr. 56, ✆ 074 41/ 80 70, Fax 400.
... in Horb am Neckar: Forellengasthof Waldeck, Mühlsteige 33, ✆ 074 51/ 38 80, Fax 49 50: Wer eine Forellenmahlzeit liebt, ist hier am richtigen Ort.
... in Klosterreichenbach: Landgasthof Schützen, Murgstr. 1, ✆ 074 42/841 50, Fax 84 15 34.
... in Nagold: Hotel-Gasthof Adler, Badstr. 1, ✆ 074 52/675 34 od. 24 89, Fax 670 80: Fachwerkhaus im Zentrum, ganz in der Nähe des Flusses.

Essen und Trinken (Auswahl) in Altensteig: Bäck-Schwarz, Paulusstr. 19, ✆ 074 53/74 97.
... in Baiersbronn: Hotel Lamm, Ellbachstr. 4, Baiersbronn-Mitteltal, ✆ 074 42/49 80, Fax 498 78. Hotel Traube, Schwarzwaldstube, Baiersbronn-Tonbachstr. 237, ✆ 074 42/49 20, Fax 49 26 92: ein Haus der deutschen Gourmetszene mit adäquaten Preisen.
... in Freudenstadt: Bärenschlößle, Christophstr. 29, Christophstal, ✆ 074 41/ 78 50.
... in Nagold: Alte Post, Bahnhofstr. 2, ✆ 074 52/845 00.

Öffnungszeiten in Altensteig: Heimatmuseum im Alten Schloß, Nähe Kirchstraße, ✆ 074 53/13 60: Mai–Sept. Mi 14–16, So 11–12 u. 14–17 Uhr, Okt.–April Mi 14–16, So 11–12 u. 14–16 Uhr.
... in Dornstetten: Heimatmuseum, Kirchplatz, ✆ 074 43/96 20 30: Mi, Fr, So 14–16.30 Uhr.
... in Forbach: Elektromuseum, s. Führungen.
... in Freudenstadt: Glasbläserei im Kurgarten, Lauterbadstr. 5, ✆ 074 41/86 31 75: Allerheiligen–Karfreitag Mo–Fr 10–18, Sa 10–15 Uhr; Ostern–Okt. zusätzl. So 11–16 Uhr. Heimatmuseum im Stadthaus, Marktplatz, ✆ 074 41/61 77:

So 10–12 Uhr. Herzog-Friedrich-Turm, auf dem Kienberg: Mai–Okt.
... in Horb am Neckar: Berthold-Auerbach-Museum im Schloß des Stadtteils Nordstetten, ✆ 074 51/22 74: Mo u. Fr 8.30–10.30, Di u. Do 8.30–12, Mo u. Mi 15.30–18.30 Uhr. Heimatmuseum Hoher Giebel, Neckarstr. 74, ✆ 074 51/36 11: So u. Feiertage 13.30–16 Uhr.
... in Nagold: Heimatmuseum, Badgasse 3, ✆ 074 52/68 12 82: Di, Do, So 14–17 Uhr.

Kulturelle Veranstaltungen in Freudenstadt: Konzerte im Kurhaus, ✆ s. Theater. Musik in der Stadtkirche, Marktplatz, ✆ 074 41/86 40. Theater im Kurhaus, Promenadenplatz/Lauterbadstr., ✆ 074 41/86 47 32 u. 86 40.

Führungen in Altensteig: Stadtführungen, s. Information.
... in Forbach: Elektromuseum: nur im Rahmen einer Betriebsführung zu besichtigen, Rudolf-Fettweis-Werk, Werkstr. 5, ✆ 072 28/91 62 01.
... in Freudenstadt: informative Rundfahrt durch die Stadt und die nähere Umgebung mit dem »Kurbähnle«: Mai–Okt. 10–16.30 Uhr, alle halbe Stunde, Abfahrt an der Stadtkirche am Marktplatz, ✆ 074 41/895 26. Führungen im Historischen Silberbergwerk Friedrichs-Fundgrube sind über die Tourismuszentrale der Stadt (Kongresse-Touristik-Kur, s. Information) zu erfragen.
... in Klosterreichenbach: Kirchenführungen: evang. Pfarramt, ✆ 074 42/42 95.

Information in Altensteig: Städtisches Verkehrsamt, Rosenstr. 28, 72213 Altensteig, ✆ 074 53/66 33 u. 94 61 47, Fax 32 49.
... in Baiersbronn: s. Klosterreichenbach.
... in Dornstetten: Verkehrs- und Kulturamt, Marktplatz 2, 72280 Dornstetten, ✆ 074 43/96 20 30, Fax 96 20 99.
... in Enzklösterle: Kurverwaltung, Friedenstr. 16, 75337 Enzklösterle, ✆ 070 85/75 16, Fax 13 98.
... in Forbach: Tourist-Info Forbach, Im Kurhaus, 76596 Forbach, ✆ 072 28/23 40, Fax 29 97.
... in Freudenstadt: Kongresse-Touristik-Kur Freudenstadt, Promenadenplatz 1, 72250 Freudenstadt, ✆ 074 41/86 40, Fax 851 76.
... in Horb am Neckar: Stadtinformation Horb, Marktplatz 12, 72160 Horb am Neckar, ✆ 074 51/36 11 u. 90 12 24, Fax 90 12 90.
... in Klosterreichenbach: Baiersbronn Touristik, Rosenplatz 3, 72270 Baiersbronn, ✆ 074 42/841 40, Fax 84 14 48.
... in Nagold: Touristikinformation, Marktstr. 27, 72202 Nagold, ✆ 074 52/68 10, Fax 68 11 22.
... Nagoldtalsee: Kurverwaltung Seewald (Nagoldtalsperre), Rathaus Besenfeld, Freudenstädter Str. 12, 72297 Seewald, ✆ 074 47/94 60 11, Fax 94 60 15.

Der Mittlere Schwarzwald

Route 4:
Von Bühl nach Offenburg

Route 5:
Von Gengenbach nach Alpirsbach

Route 6:
Von Rottweil in den Hohen Schwarzwald

Stadtbesichtigung Freiburg

Schuttig-Umzug in Elzach

Route 4: Von Bühl nach Offenburg

Frühzwetschgen aus Bühl, die Windecker Ganerbenburg, das Klauskirchl in Achern und die Mühlen von Ottenhöfen. Die Kirchenruine Allerheiligen und die Wallfahrtskirche Mariä Krönung. Kirschenschnaps aus Oberkirch. Und das Zentrum der Ortenau: Offenburg.

Bühl

Wir befinden uns wieder am Westrand des Schwarzwalds, wo er zum Rheintal hin abfällt, und nähern uns der Stadt Bühl (ca. 27 000 Einw.). Bühl gehört in den Einzugsbereich der »Badischen Weinstraße«, die von Baden-Baden aus – inklusive einiger Abschweifungen – nach Süden bis Lörrach verläuft. Weinberge und Obstbäume durchziehen die Landschaft. Die seit 1870 als Neuzüchtung angebauten Bühler »Frühzwetschgen« sind längst ein Markenzeichen geworden, das die Stadt alljährlich mit einem Festumzug als Erntedank am zweiten Septemberwochenende feiert.

Die Grafen von Eberstein waren im 12. Jh. die Herren in dieser Gegend. Spätestens 1302 vergaben die Ebersteiner Bühl als Lehen an die Windecker, deren Burg Altwindeck südwestlich der Stadt liegt. Bühl erhielt 1403 das Marktrecht (Stadtrecht 1835). 1622 wurde die Stadt durch eine Soldateska des Dreißigjährigen Kriegs völlig zerstört. Eine weitere Zerstörung folgte 1689 durch französische Truppen.

Das Zentrum Bühls wird von Kirche, Rathaus, Stadtgarten und der breiten Hauptstraße mit ihren Geschäften geprägt. Das **Rathaus** und die **Pfarrkirche St. Peter und Paul** stehen sich direkt gegenüber und verfügen kurioserweise beide über einen eigenen Kirchturm.

Denn die frühere Kirche war für die Gemeinde zu klein geworden, so daß die Kirchgänger während des Gottesdienstes auf der Straße stehen mußten. Die Gemeinde entschloß sich deshalb, die neugotische Basilika St. Peter und Paul (1872–1877) zu bauen, deren feingliedriger Kirchturm (63 m) dem Turm des Freiburger Münsters (s. Abb. S. 2/3) nachgebildet ist. Aus der alten Kirche daneben machte man nach einem Umbau kurzerhand das Rathaus, wobei deren massiver Turm einfach in das neue Gebäude eingepaßt wurde.

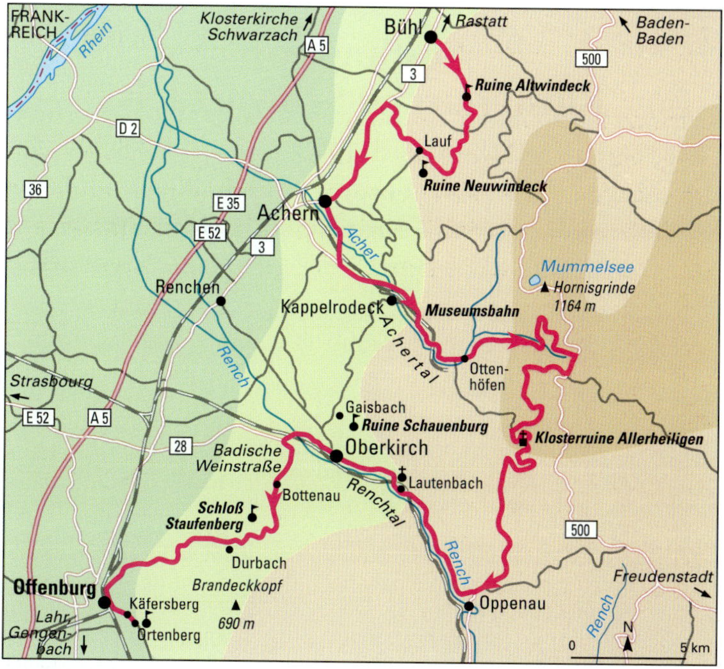

Route 4

Für an jüdischer Kultur Interessierte empfiehlt sich der **Israelitische Friedhof** an der Karl-Netter-Straße im Nordosten der Stadt (der Schlüssel ist bei der Tourist-Information erhältlich).

Anschließend geht es in südwestlicher Richtung über die Kappelwindeckerstraße zur **Ruine Altwindeck** (der Weg ist ausgeschildert). Die Burg wurde um 1200 errichtet und war der Stammsitz des Rittergeschlechts derer von Windeck. Altwindeck war eine Ganerbenburg, d. h. sie wurde von mehreren Familien gleichzeitig bewohnt. Jede besaß einen eigenen Wohnbezirk. Das läßt sich bei der heutigen Ruine noch an den zwei Bergfrieden erkennen. Schließlich wurde es aber doch zu eng: Die Windekker bauten sich eine zweite Burg unweit von der ersten und nannten sie **Neuwindeck** (Ruine beim Ort Lauf). Die alte Burg verfiel im 16. Jh. Im Burgareal gibt es ein Hotel mit Restaurant. Auf den hinteren Bergfried kann man hinaufgehen.

Ausflugstip: Klosterkirche Schwarzach

Das Schwarzacher Münster liegt, westlich von Baden-Baden, weithin sichtbar im Rheintal und ist auch kunstgeschichtlich nicht zu übersehen. Die Gründung der zugehörigen Benediktinerabtei St. Peter und Paul geht wahrscheinlich auf das 8. Jh. zurück, wenngleich die schriftlichen Dokumente darüber etwas hinterherhinken: Quellenkundlich nämlich wird das Schwarzacher Kloster erst im 9. Jh. erwähnt.

Aber um ehrlich zu sein: Uns interessiert auch nicht das Kloster, das 1803 säkularisiert, also durch die weltliche Macht aufgelöst wurde, und von dem außer einigen barocken Wirtschaftsgebäuden kaum mehr Spuren vorhanden sind. Man war der Baulast wohl überdrüssig und riß die schloßähnliche Anlage im 19. Jh. kurzerhand ab.

Nein, uns interessiert das Schwarzacher Münster, das im 12. und 13. Jh. entstand. Nach dem Willen und dem Geschmack der Mönche sollte die Kirche zwar wie die Konventgebäude auch im Stil des Barock neu erbaut werden, aber für eine solche Umgestaltung der Kirche reichten dann die Mittel nicht mehr aus. Und so blieb die alte romanische Form im wesentlichen erhalten, ja, sie wurde im 19. und 20. Jh. durch entsprechende Restaurierungen noch hervorgehoben.

Deshalb vermag der Kirchenbau aus einem Gemisch aus Ziegelsteinen und Sandsteinquadern mit dem gedrungen wirkenden Turm über der Vierung den Betrachter nach wie vor zu beeindrucken. Und die große hohe Halle mit den bemalten Säulenkapitellen und der flachen Decke macht zudem Eindruck auf Besucher, welche die Romanik romantisch nachempfinden wollen.

Von Achern zur Klosterruine Allerheiligen

Bevor es wieder tiefer in den Schwarzwald zur berühmten Klosterruine Allerheiligen hineingeht, kehrt die Route ins Rheintal und damit auf die B 3 zurück, die trotz der nahen Autobahn (A 5) stark befahren ist. Die Strecke zwischen Bühl und Offenburg kommt der elsässischen Stadt Strasbourg (Straßburg) am nächsten.

Wir durchqueren das um 1050 erstmals genannte und 1808 mit Stadtrechten versehene **Achern** (ca. 22 000 Einw.). Interessant ist vor allem die kleine wuchtige **Nikolauskapelle** direkt an der Hauptstraße. Ein in seiner Form seltener schma-

Ruhepause im Café an der Nikolauskapelle in Achern

ler Rundturm schließt das aus ungeraden Steinen errichtete gotische Bauwerk (13. Jh.) zur Straße hin ab.

Die Stadt, die im Zweiten Weltkrieg erheblich zerstört wurde, macht einen geschäftigen Eindruck. Auf dem Rathausplatz geht man bummeln oder zieht sich in ein Café zurück.

Am Ende der Hornisgrindstraße trifft man auch auf einen historischen und denkmalgeschützten Friedhof mit wertvollem Baumbestand: den **Illenauer Friedhof.** Er gehörte zu einer ehemaligen Großherzoglichen Heil- und Pflegeanstalt, die 1842 begründet wurde.

Hier, am Rand des Schwarzwalds, werden Wein- und Obstanbau betrieben – man denke nur an die Bühler Zwetschgen. In Achern gibt es zudem eine seit 1886 bestehende Glashütte, wobei der nahe Wald als Energielieferant ausschlaggebend für die Ansiedlung war. Das interessante **Sensen- und Heimatmuseum** zeigt mehr als 300 Sensen sowie die Herstellung dieser Geräte (Berliner Str. 31).

Die Stadt Achern liegt am Beginn des **Achertals**, das zum Hausberg der Stadt, der **Hornisgrinde,** führt. Die Hornisgrinde gilt mit ihren 1164 m Höhe als der höchste Berg des Nordschwarzwalds. Ihr zu Füßen befindet sich der sagenumwobene **Mummelsee**.

In südöstlicher Richtung folgt der Ort **Ottenhöfen,** der übrigens auch mit der **Achertalbahn,** die als Museumsbahn zwischen Achern und Ottenhöfen verkehrt, erreichbar ist. Ottenhöfen ist bekannt als »Mühlendorf im Schwarzwald«. Ein Mühlenrundweg geht an alten Schwarzwälder Mühlen entlang, deren Holzräder noch immer vom Wasser romantischer Bäche angetrieben werden.

Das Achertal wurde kirchengeschichtlich von der **Abtei Allerheiligen** geprägt, der man sich über eine schmale, gewundene Bergstraße annähert (am besten nach Osten bis zur B 500 fahren, dann kurz nach Süden und schließlich rechts abbiegen). Das einstmals blühende Prämonstratenserkloster liegt ganz versteckt und beschaulich in einem engen Tal, dem oberen Lierbachtal, durch das ein Bergbach hindurchfließt. Uta von Schauenburg gründete das Kloster 1191. In der zweiten Hälfte des 13. Jh. entstand hier eines der ersten gotischen Münster. Als das Kloster Mitte des 17. Jh. zur Abtei erhoben wurde, begann seine Blütezeit. 1803, mit der Säkularisation, kam das Aus für die Ordensniederlassung Allerheiligen. Heute ist von der großzügigen Anlage im wesentlichen nur noch die hoch aufragende Kirchenruine erhalten.

Lautenbach

Von Allerheiligen aus geht's nach Süden bis Oppenau und danach auf der B 28 Richtung Nordwesten bis zum Ort Lautenbach (ca. 1900 Einw.), wo gleich am Ortsanfang die **Wallfahrtskirche Mariä Krönung** (1471–1488) steht. Das Besondere an dieser Kirche ist, daß hier ein spätgotisches Gotteshaus mit seiner Originalausstattung fast unversehrt bewahrt werden konnte. Ein einzigartiges Kunstwerk seiner Zeit, das im Inneren architektonisch geschlossen wirkt, obwohl das Langhaus Ende des 19. Jh. noch um zwei Joche, also Gewölbefelder, verlängert wurde. Aus dieser Zeit stammt auch der Turm der Kirche.

Bemerkenswert sind der Hochaltar und die beiden Seitenaltäre mit ihren Marien- und Heiligenfiguren, für die so hervorragende Bildhauer wie Meister Iselin und so berühmte Maler wie Matthias Grünewald oder Albrecht Dürer vermutet werden. Zur ruhig daliegenden Wallfahrtsstätte gehören auch das ehemalige **Hospiz** (16. Jh.) und ein **Wallfahrtsbrunnen** (17. Jh.). Nur die nahe Bundesstraße stört ein wenig.

Oberkirch

Auf der B 28 geht's weiter nach Westen und damit an der Rench entlang. Das **Renchtal,** das sich Fluß, Schiene und Straße teilen, verläuft hier parallel zum benachbarten Achertal. Nach kurzer Fahrt wird die Stadt Oberkirch (ca. 20 000 Einw.) erreicht.

Die Geschichte Oberkirchs reicht bis ins Mittelalter zurück. 1326 erhält der Ort Stadtrechte, 1689 wird die Stadt durch französische Truppen zerstört, und 1802 fällt Oberkirch an die Großherzöge von Baden. Viele der **Fachwerkbauten** stammen aus dem 18. Jh. Und wenn in dieser Gegend schon von Obstanbau und Weinbau die Rede ist, dann setzt Oberkirch noch eins drauf: als Stadt der Obstbrennereien. Rund 900 Hausbrennereien soll es hier geben, und deren Kirsch-, Mirabellen- oder Zwetschgenschnäpse werden bescheiden »Wasser« oder »Wässerle« genannt. Ein mehrtägiger Kursus sieht neben der Besichtigung einer Brennerei auch die Erlangung des »Wässerli-Diploms« vor (Auskunft über die Tourist-Information).

In Gaisbach soll von Grimmelshausen als Wirt gewirkt haben

Oberhalb der Stadt thront die Ruine der **Schauenburg** (12./13. Jh.), die von den Zähringern zum Schutz der Renchtalstraße angelegt wurde. Oben, am Ende einer steilen Straße (Weg ist ausgeschildert), erwarten die Besucher eine Schloßwirtschaft und an klaren Tagen ein weiter Ausblick.

Auf der Schauenburg war der Barockdichter **Johann Jakob Christoffel von Grimmelshausen** (1621–1676), der Verfasser des »Simplicissimus«, der ironischen Schilderung des Dreißigjährigen Kriegs, seit 1649 als Schaffner, d. h. Verwalter, tätig. Einige Jahre später wird er als Besitzer und Wirt des noch immer bestehenden Gasthauses »Zum Silbernen Sternen« in **Gaisbach** (heute ein Ortsteil von Oberkirch) genannt.

Das **Heimatmuseum** in Oberkirch (Hauptstr. 32) erinnert, neben Ausstellungen zur Stadtgeschichte, zur Geschichte des Klosters Allerheiligen oder zur Historie des Schnapsbrennens, auch an den Dichter Grimmelshausen und stellt seine Werke vor.

Nun verläßt man Oberkirch in westlicher Richtung, biegt aber bald nach links auf eine Nebenstraße ab, die über Bottenau in den Weinort **Durbach** führt. Wer Wein kaufen möchte, dem sei das markgräflich badische Weingut **Schloß Staufenberg** über dem Ort empfohlen, zu dem man durch Weinhänge hinauffährt. Seine Geschichte reicht bis ins 11. Jh. zurück. Schon für das 14. Jh. werden die Markgrafen von Baden als Besitzer genannt, in deren Hand sich das Schloß auch heute befindet.

Offenburg

Von Durbach aus ist es nicht mehr weit bis zur Messe- und Kongreßstadt Offenburg (ca. 54 000 Einw.), dem Zentrum der **Ortenau,** die sich im Rheintal zwischen Rastatt und dem Breisgau erstreckt und bis zu den Flüssen Murg und Kinzig im Schwarzwald reicht.

Stadtgeschichte

Am Anfang standen wieder einmal die Zähringer, die Offenburg zu Beginn des 12. Jh. gründeten. Allerdings war diese Stelle schon zur Römerzeit ein wichtiger Verkehrsknotenpunkt gewesen. 1235 wurde die Stadt zur freien Reichsstadt erhoben. Gegen das habsburgische Vormachtstreben in dieser Gegend schlossen sich die Reichsstädte Offenburg, Gengenbach (s. S. 106) und Zell am Harmersbach (s. S. 112) im 16. Jh. zu einem Städtebund zusammen. Am 9. September 1689 zerstörten französische Truppen Offenburg bis auf das Kapuzinerkloster ganz, weshalb heute in der Stadt vor allem barocke Gebäude zu sehen sind. 1803 wurde die Stadt badisch. Bekannt ist Offenburg heute besonders durch den Burda-Verlag (s. S. 101), die Klebestreifen von tesa und die Pfefferminzbonbons von Vivil.

Stadtrundgang

Der Stadtrundgang beginnt im Zentrum, in der Hauptstraße, und zwar mit dem barocken **Rathaus** von 1741 (Nr. 90) und dem **Amtshof** (Nr. 36), einem Verwaltungsbau der Jahre 1714–1717. Nordöstlich davon zweigt der Fischmarkt ab. Hier steht die alte **Hirschapotheke** (1698) mit ihrem auffälligen Staffelgiebel und dem **Löwenbrunnen** von 1599 davor sowie die barocke **Spitalkirche** mit dem gotischen

Chor. Das Andreasspital wurde um das Jahr 1300 als karitative Einrichtung begründet und nach seiner Zerstörung 1696–1701 wieder aufgebaut.

Eine **Mikwe** (jüdisches Ritualbad/14. Jh.) liegt östlich davon in der Glaserstraße (Nr. 8/Ecke Bäkkergasse). Weiter südlich werden im **städtischen Museum** (Ritterstr. 10) im historischen Ritterhaus (1784) sowohl die Stadtgeschichte als auch Kunst und Natur der Region zum Leben erweckt. In der Gymnasiumstraße widerstand das **Kapuzinerkloster** (1641–1647) als einziges Gebäude den Verwüstungen durch den pfälzischen Erbfolgekrieg. Der Kreuzgang, in dem gelegentlich Konzerte gegeben werden, besteht aus einfachen Holzsäulen.

Die Fußgängerzone Offenburgs wird von einem schmalen, künstlich angelegten Bach durchzogen, den man allerdings trockenen Fußes überqueren kann. Es ist angenehm, durch die Straßen und Gassen rund um den **Fischmarkt** zu streifen. Denn hier gibt es die meisten Geschäfte und historischen Bauwerke. Hier trifft man sich in den Straßencafés, auf dem Wochenmarkt, zur Fasnacht oder beim Weinfest.

Von der Hauptstraße aus geht es in nördlicher Richtung an der **Einhornapotheke** (18. Jh.) vorbei nach links zur **Stadtpfarrkirche Heilig-Kreuz,** einem der Wahrzeichen Offenburgs. Sie wurde auf älteren Grundmauern Anfang des 18. Jh.

Hirschapotheke und Löwenbrunnen

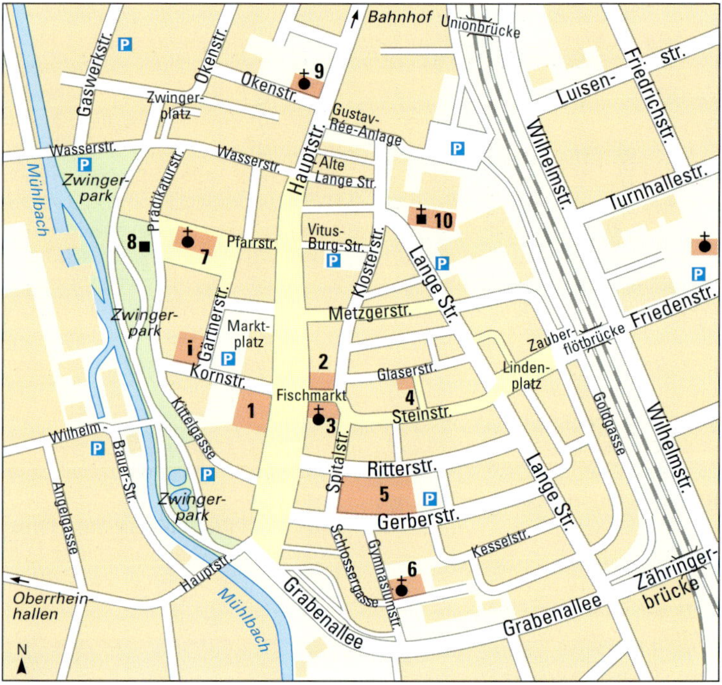

Offenburg 1 Rathaus 2 Alte Hirschapotheke 3 Spitalkirche 4 Mikwe 5 Städtisches Museum 6 Kapuzinerkloster 7 Pfarrkirche Heilig-Kreuz 8 Ölberg 9 Evangelische Stadtkirche 10 Kloster Unserer Lieben Frau

neu erbaut. Dem Eingang der Kirche gegenüber steht ein weiteres Wahrzeichen der Stadt: der **Ölberg** (1524), ein gotischer Nischenbau.

Weiter nördlich ragt ebenfalls an der Hauptstraße der neogotische Bau der **evangelischen Stadtkirche** auf (1857–1864); und südöstlich davon gilt es das **Kloster Unserer Lieben Frau** bzw. das frühere **Franziskanerkloster** aufzusuchen, dessen Gebäude nach 1689 wiedererstanden sind.

Die südöstlich von der Stadt Offenburg gelegene Gemeinde **Ortenberg** wird von der imposanten, gleichnamigen **Schloßanlage** überragt, die, vom ›märchenhaften‹ Stil der englischen Neugotik beeinflußt, wie eine etwas protzige Kulisse wirkt. Der von einem Kaufmann aus der Nähe von Riga namens Berck-

Wirtschaftswunder in der Provinz

Der Burda-Verlag

Wer hätte das gedacht, damals. Als Aenne Lemminger 1931 Franz Burda das Jawort gab, gab es gerade mal eine kleine Druckerei und eine selbstverlegte Radioprogrammzeitschrift. Heute steht Hubert Burda, einer der Söhne aus dieser Ehe, an der Spitze eines Konzerns, der weit über 4000 Mitarbeiter in seinen Diensten und einen Jahresumsatz von knapp zwei Milliarden Mark aufzuweisen hat.

Das alles begann in Offenburg, in tiefster verlegerischer Provinz. Das Programm des Verlags war also in den 20er und 30er Jahren noch nicht besonders vielfältig. In der Nazizeit kam die verlegerische Arbeit ganz zum Erliegen: In der Druckerei wurden Wehrmachtskarten und Luftbildpläne gedruckt. Nach dem Krieg lag Offenburg in der französischen Besatzungszone, und nun entstanden bei Burda eine französische Soldatenzeitung, Schulbücher und Briefmarken.

Richtig los ging's erst 1948, dann aber mit Volldampf und ins Wirtschaftswunder hinein. Auf zwei Beinen gewissermaßen. Das eine Standbein hieß »Das Ufer«, eine bebilderte Zeitschrift, die Franz Burda entwickelt hatte und die 1954 einen anderen Namen erhalten sollte: Die »Bunte«, wie sie seitdem heißt, ist noch immer eine der beliebtesten Illustrierten auf dem deutschen Markt. Der zweite große Wurf war ein Geschenk von Franz an seine Frau Aenne Burda: eine verschuldete Modezeitschrift. Aenne brachte das Heft von den roten in die schwarzen Zahlen, weil sie die glorreiche Idee hatte, daraus ein Heft mit Schnittmustern zu kreieren. So entstanden die »Burda Moden«, mit deren Hilfe sich die Frauen des Wirtschaftswunders ihre modischen Kleider selbst schneidern konnten. Dieser

Riesencoup brachte Aenne Burda ein eigenes Verlagsunternehmen ein, das erst 1994 in den Burda-Konzern integriert wurde.

Einer großen Leserinnenschaft erfreuen sich viele der Burda-Titel: »Freundin«, »Mein schöner Garten« oder »Elle« – und nicht zuletzt »Focus«, das aufstrebende Nachrichtenmagazin, das antrat, um dem bisher einzigen Nachrichtenmagazin »Spiegel« Konkurrenz zu machen. Anfangs mußte der häufig zitierte »Fakten-Fakten-Fakten«-Chefredakteur Helmut Markwort viel Häme wegen seines ›Häppchen-Journalismus‹ einstecken. Mittlerweile hat »Focus« sich als zweites Blatt für Meinungsführer etabliert.

holtz 1838–1843 auf einer mittelalterlichen Ruine errichtete Bau ist heute eine Jugendherberge. Die zwischen den Ortsteilen Ortenberg und Käfersberg zu entdeckende **Bühlwegkapelle** aus dem Jahr 1497 birgt spätgotische Fresken, die z. B. der Passionsgeschichte gewidmet sind (von der Ortenbergerstraße aus in den Bühlweg abbiegen).

Route: ca. 70 km; 2–3 Tage. Die Route führt auch über zahlreiche Nebenstrecken.

Unterkunft (Auswahl) in Achern: Hotel Schwarzwälder Hof, Kirchstr. 38, ✆ 078 41/696 80, Fax 295 26: im Restaurant badisch-elsässische Küche, gute Weine.

... in Bühl: Hotel Badischer Hof, Hauptstr. 36, ✆ 072 23/933 50, Fax 93 35 50: kleines Hotel mit vorzüglicher Küche; etwas für Gourmets. Burggaststätte Burg-Windeck, Kappelwindeckstr. 104, ✆ 072 23/949 20, Fax 400 16: gute Aussicht; mit Pferdehof und Kinderspielplatz. Schloßhotel Bühlerhöhe, Schwarzwaldhochstr. 1, ✆ 072 26/550, Fax 557 77: ca. 15 km südöstlich von Bühl; mondäner Kurhauskomplex aus den Jahren 1911–1914 (18 ha großer Park) mit entsprechenden Preisen.

... in Lautenbach: Hotel Sternen, Hauptstr. 47, ✆ 078 02/35 38, Fax 70 01 61: Hotel in altem Familienbesitz.

... in Oberkirch: Romantik-Hotel Zur Oberen Linde, Hauptstr. 25–27, ✆ 078 02/80 20, Fax 30 30: Hotel mit besonders prächtigen Fachwerkbauten. Waldhotel Grüner Baum, Oberkirch-Ödsbach, ✆ 078 02/80 90, Fax 8 09 88: Ruhig und abgelegen.

... in Offenburg: Hotel Sonne, Hauptstr. 94, ✆ 07 81/710 39, Fax 710 33: im historischen Zentrum gelegen und mit langer Tradition, bis ins Mittelalter zurückreichend.

Essen und Trinken (Auswahl) in Achern: Weinstube Zur Trotte, Kapellenstr. 2, ✆ 078 41/51 89.

... in Allerheiligen: Klosterhof Allerheiligen, ✆ 078 04/12 00.

... in Bühl: In Bühl und Umgebung sind Weinproben möglich (Affentaler Winzergenossenschaft).

... in Oberkirch: Schloßwirtschaft Ruine Schauenburg, Burgstr. 29, ✆ 078 02/22 53. Silberner Stern, Simplicissimusstr. 8, ✆ 078 02/76 86: Die Gaststätte steht in der Grimmelshausen-Tradition.

... in Schloß Staufenberg: Im Schloß sind Weinproben nur nach Voranmeldung möglich. Weinstube März–Nov. ✆ 07 81/427 78 od. 948 16 98 (Weinstube).

Öffnungszeiten in Achern: Sensen- u. Heimatmuseum, Berliner Str. 31, ✆ 078 41/13 47 od. 90 45: So 14–18 Uhr.

... in Bühl: Heimatmuseum, Luisenstr. 2, ✆ 072 23/94 08 76: jeweils 1. So im Monat 14–18 Uhr. Ruine Altwindeck: April–Sept. tgl. 9–20 Uhr, Okt.–März 9–17 Uhr.

... in Oberkirch: Heimat- u. Grimmelshausenmuseum, Hauptstr. 32, ✆ 078 02/821 78 od. 822 46: Di, Do 15–19, So 10.30–12.30 u. 14–17 Uhr.

... in Offenburg: Museum im Ritterhaus, Ritterstr. 10, ✆ 07 81/82 42 55: Di–Fr 10–13 u. 15–17, Sa–So 10–17 Uhr.

Kulturelle Veranstaltungen in Achern: Veranstaltungsreihe mit Theater, Musik, Literatur u. Vorträgen, Auskünfte bei der Achern-Schwarzwald-Information, s. Information.

... in Bühl: Theater und Konzerte im Bürgerhaus Neuer Markt, ✆ 072 23/93 16 16. Festzug am 2. Wochenende im Sept. anläßlich des »Zwetschgenfestes«.

... in Offenburg: Theater und Konzerte vorwiegend in der Stadthalle, An der Unionrampe, ✆ 07 81/239 53, od. im Spitalspeicher, Spitalstr. 2, ✆ 07 81/825 42. Informationen und Karten über das Bürgerbüro, Am Fischmarkt 2, ✆ 07 81/82 22 48.

Führungen in Offenburg: verschiedene Stadtführungen (auch kleinere kostenlose Führungen); zu buchen über die Stadt-Information, s. dort.

Information in Achern: Achern-Schwarzwald-Information, Hauptstr. 1, 77855 Achern, ✆ 078 41/292 99, Fax 255 52.

... in Bühl: Tourist-Information Hauptstr. 41, 77815 Bühl, ✆ 072 23/93 53 32, Fax 93 53 39.

... in Lautenbach: Verkehrsamt Lautenbach, Hauptstr. 48, 77794 Lautenbach, ✆ 078 02/925 90, Fax 92 59 59.

... in Oberkirch: Tourist-Information, Eisenbahnstr. 1, 77704 Oberkirch, ✆ 078 02/822 41 u. 822 42, Fax 821 79.

... in Offenburg: Stadt-Information Offenburg, Gärtnerstr. 6, 77652 Offenburg, ✆ 07 81/822 53, Fax 82 72 51.

... in Ortenberg: Fremdenverkehrsamt, Gemeindeverwaltung, Dorfplatz 1, 77799 Ortenberg, ✆ 07 81/933 50, Fax 93 35 40.

... in Ottenhöfen: Touristinformation Ottenhöfen, Allerheiligenstr. 2, 77883 Ottenhöfen, ✆ 078 42/804 44, Fax 804 45.

Route 5: Von Gengenbach nach Alpirsbach

Gengenbach, Kirchen und ein Narrenmuseum. Die Rosen im Stadtpark zu Lahr. Zur Quelle des hl. Landelin und zu Maria in den Ketten. Kurbäder um den Kniebis-Paß. Das Kloster der seligen Luitgard und die Abtei der Benediktiner von Alpirsbach.

Gengenbach

Von Ortenberg aus ist es nur ein kurzer Weg in südöstlicher Richtung über die »Badische Weinstraße« nach Gengenbach (ca. 11 000 Einw.). Die ehemalige freie Reichsstadt hat ihren sympathischen alten Charakter bewahrt, was nicht verwundert, denn erste Anstrengungen zur Denkmalpflege wurden hier bereits 1905 unternommen.

Stadtgeschichte

Die Stadt liegt im **Kinzigtal,** für das sich eine keltische und eine römische Besiedlung nachweisen lassen. Den eigentlichen Ursprung Gengenbachs bildet freilich die im 8. Jh. gegründete Benediktinerabtei. Die sich danach entwickelnde Stadt befand sich bis zur Säkularisation (1803) immer im Spannungsverhältnis zum Kloster, weil die Bürger die Unabhängigkeit ihrer Reichsstadt gewahrt wissen wollten. Stadt und Kloster mußten 1689 starke Verwüstungen durch die Truppen des französischen Königs, Ludwig XIV., hinnehmen. Das heutige Stadtbild entstand beim Wiederaufbau der nachfolgenden Jahre.

◁ Bei Hohengeroldseck

Stadtrundgang

Von Westen kommend, sieht man zunächst die **Friedhofskirche,** die dem hl. Martin geweiht ist und Leutkirche genannt wird. In ihrer jetzigen Gestalt und Ausstattung entstammt sie dem späten 17. und frühen 18. Jh.

In der Stadtmitte, auf dem Marktplatz, fallen das prächtige klassizistische **Rathaus** von 1780

Am Markt in Gengenbach

und eine Reihe stattlicher **Patrizierhäuser** auf. In den Seitengassen gilt es zahlreiche **Fachwerkhäuser** zu entdecken (z. B. in der Engelgasse). Der ausladende dreieckige Marktplatz um den **Röhrenbrunnen** und die sich anschließenden Straßen zwischen den Stadttoren lassen genügend Raum zum Flanieren, zum Schaufensterbummel und zum Einkehren.

Mehrere **Türme der alten Stadtbefestigung** sind erhalten geblieben. Der am Ende der Hauptstraße (westl.) gelegene **Niggelturm** beherbergt ein Narrenmuseum, in dem Fastnachtsmasken und andere Fastnachtsutensilien zu sehen sind. Weiter südlich, an der Brücke über die Kinzig, ist ein **Flößermuseum** zu finden (Brückenhäuserstr.), das die Arbeitssituation und die Gerätschaften der Flößer zeigt.

Höhepunkt der Besichtigung ist jedoch der ehemalige Klosterbezirk (im Osten der Altstadt). Die Basilika und heutige **Stadtpfarrkirche St. Marien** war im Ursprung ein romanischer Bau. Die spätere barocke Ausgestaltung wurde Ende des 19. Jh. wieder herausgenommen. Aus derselben Zeit stammt auch die etwas streng wirkende Orgel, die als zweitgrößte Romantikorgel Badens bezeichnet wird. Die Kanzel ist aus Ton gebrannt. Die als Schule genutzten Abteigebäude (1693–1703) umschließen noch immer einen kontemplativ wirkenden klösterlichen **Innenhof.**

Grengenbach liegt zu Füßen des **»Bergle«**, das östlich des Städtchens

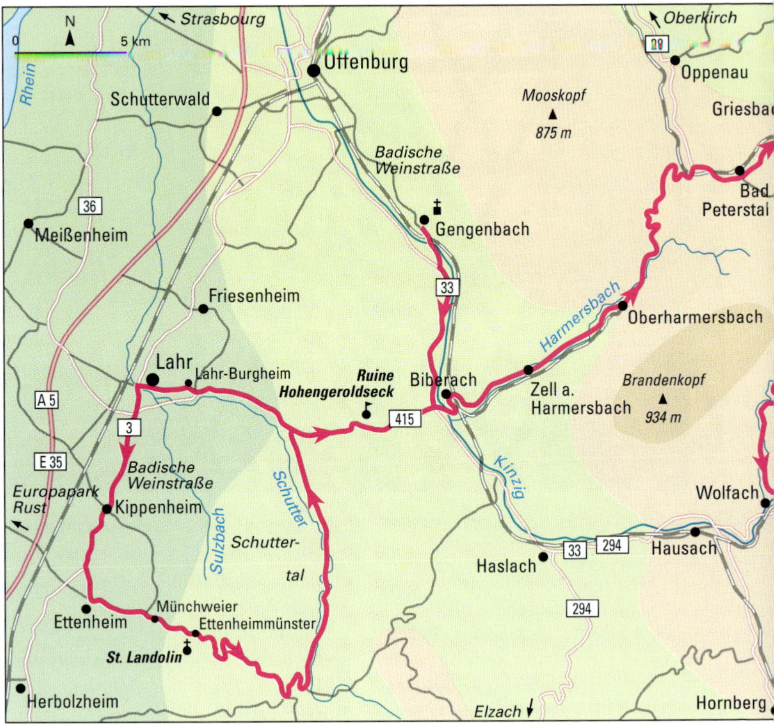

aufragt. Hier wurde im 17. Jh., an der Stelle einer frühchristlichen Kultstätte, die **Jakobuskapelle** erbaut. Die Kapelle blickt über die Weinhänge hinweg auf die Stadt. Im Innern findet sich eine Pietà aus dem 14. Jh.

Auf der B 33 geht es weiter nach Süden und dann nach links auf die B 415 in Richtung Lahr. Dazu ist – aus dem Kinzigtal kommend – eine kleine **Paßhöhe** zu überschreiten, die herrliche Ausblicke gewährt. Direkt auf dem Scheitelpunkt der Straße steht eine rote Sandsteinsäule, die von einem großen geschwungenen »L« gekrönt wird – zur Erinnerung an den Bau dieser Paßstraße unter Großherzog Ludwig von Baden im Jahr 1827.

Von hier aus bietet sich ein kurzer Abstecher zur **Ruine Hohengeroldseck** an (dem grünen Hinweisschild zur Burgwirtschaft folgen). Die Burg wurde um 1250 von den mächtigen Geroldseckern begründet, und zwar aus den Erträgen und

zum Schutz ihrer Silbergruben im nahen Prinzbach. 1689 fiel die Burg der Zerstörungswut französischer Truppen anheim und wurde danach nicht mehr aufgebaut.

Lahr

In Serpentinen windet sich die Paßstraße auf die alte Handelsstadt Lahr (ca. 42 000 Einw.) zu, mit der

Route 5

wir uns wieder der Rheinebene nähern. »Industriestadt im Grünen« wird Lahr auch genannt. Heute sind die Papier- und die Metallverarbeitung die wichtigsten Industriezweige.

Ausgangspunkt für die Entwicklung der Stadt war eine große mittelalterliche **Wasserburg** an der Schutter, die etwa ab 1250 den Herren von Geroldseck gehörte. Von jener, 1677 durch französische Soldaten niedergebrannten Burg blieb nur der sogenannte **Storchenturm** stehen, der im Stadtzentrum zu finden ist (Kreuzstr.) und das Geroldsecker-Museum beherbergt. Die Geschichte der Burg wird durch Bodenfunde und Schautafeln dokumentiert.

Das eigentliche **Heimatmuseum** der Stadt Lahr ist in einer Villa (1859) untergebracht, die im Stadtpark (Kaiserstr.) liegt und dem Gründer des Parks, Christian Wilhelm Jamm, gehörte. Das Museum zeigt u. a. Funde aus der Römerzeit und besitzt eine volkskundliche und eine mineralogische Abteilung. Bekannt ist der über 100 Jahre alte Park für seine zahlreichen Rosensorten. Ein Spaziergang lohnt sich, und auch ein Bummel durch die verwinkelte **Altstadt** mit der Marktstraße ist auf jeden Fall einzuplanen. Im nördlichen Stadtteil **Burgheim** kann eine **Chorturmkirche** aus dem 12. Jh. bewundert werden.

Von Lahr aus läßt sich ein kleiner Abstecher in den nordwestlich gelegenen Goethe-Ort **Meißenheim** (s. S. 111) oder zum **Europa-Park Rust** unternehmen. Der beliebte und bekannte Familien- und Freizeitpark bietet auf einer Fläche von 62 000 km^2 über 50 verschiedene Vergnügungsmöglichkeiten wie Wildwasserfahren, verschiedene Shows, Achterbahnen, nachgebaute Städte, Ritterspiele ... Wir setzen unsere Route aber in südlicher Richtung fort und gelangen über die B 3 bzw. die »Badische Weinstraße« nach Ettenheim.

Mit dem Stadtpark in Lahr setzte sich der Kaufmann Jamm ein Denkmal

Ettenheimmünster

Über die kleine Stadt Ettenheim führt der Weg weiter nach Osten, und zwar nach Ettenheimmünster. Der Ort verdankt seine Entstehung einer Legende und einer großen blühenden Benediktinerabtei. Vom Kloster blieb allerdings nichts erhalten. Es fiel 1803 der Säkularisation zum Opfer und wurde restlos abgetragen.

Geblieben ist aber eine prächtige barocke **Wallfahrtskirche**, die dem hl. Landelin (oder Landolin) geweiht wurde, einem Einsiedlermönch des 7. Jh. Eine Legende berichtet, daß an der Stelle, wo Landelin von einem heidnischen Jäger ermordet worden sein soll, eine

Goethes vergessene Liebe

An Friederikes Grab

Anmut und Lieblichkeit besitze sie, ein artiges Stumpfnäschen, heitere blaue Augen, gewaltige blonde Zöpfe auf einem niedlichen Köpfchen und die nettesten Füßchen. Zweifellos, Goethe war verliebt; verliebt in Friederike, die Tochter des Pfarrers Johann Jakob Brion.

Der junge Goethe begab sich zu Ostern 1770 zum Studium nach Straßburg, lernte die Dichter Lenz und Herder kennen und eben jene Pfarrersfamilie Brion im elsässischen Sesenheim. Und das Mädchen mit den blonden Zöpfen muß es ihm sofort angetan haben, so daß er ihr bald Briefe schrieb, denen Gedichte folgten – die »Sesenheimer Lieder« – und nach anfänglicher Scheu sogar ein Kuß, glaubt man seinem Zeugnis in »Dichtung und Wahrheit«.

Armes Mädchen, mit 18 verliebt in Goethe. Über Friederikes Leben ist wenig in Erfahrung zu bringen, nicht einmal in den Schriften des Geliebten. Und sie bleibt in den Augen der Nachwelt eine seiner Jugendlieben und ein stilles Mädchen vom Land. Und voller Mitleid – für sie, nicht für ihn – nehmen wir zur Kenntnis, daß der Dichter sie bald verließ und nicht einmal den Mut besaß, ihr dies direkt zu sagen.

Friederike blieb zeit ihres Lebens unverheiratet. Sie lebte bei ihren Eltern, dann bei ihrem Bruder und ab 1805 schließlich bei ihren Verwandten in Meißenheim, wo sie 1813 starb. Und wer nach Meißenheim (nordwestlich von Lahr) fährt, kann an der Mauer der barocken Pfarrkirche ihr Grab finden. Das 1866 geschaffene Grabmal zeigt eine Porträtbüste Friederike Brions, obwohl es gar kein authentisches Porträt von ihr gibt. Zum Trost mag die Grabinschrift gereichen:

Ein Stra(h)l der Dichterson(n)e fiel auf sie,
So reich, daß er Unsterblichkeit ihr lieh!

heilkräftige Quelle entsprang. Die Wallfahrer kamen in Scharen, und die Kirche zu Ehren des hl. Landelin wurde daraufhin begründet.

Die Quelle befindet sich am Haupteingang der Kirche in der pavillonartigen **Landelinkapelle** (1672). Offiziell ist es zwar kein Trinkwasser, aber das Quellwasser wird von der Bevölkerung dennoch gerne in Flaschen abgefüllt. Die Deckengemälde im Kircheninnern handeln von der Landelin-Legende. Außerdem verfügt die Kirche über eine original erhaltene Silbermann-Orgel, die aus der abgetragenen Klosterkirche hierher versetzt wurde. Johann Andreas Silbermann (1712–1783), ein Mitglied der berühmten Orgel- und Klavierbauerfamilie, hatte sie 1769 gebaut.

Wer das Grab des Märtyrers Landelin sucht, muß freilich zurück in den Ort **Münchweier** (zwischen Ettenheim und Ettenheimmünster). Er liegt in der dortigen **Pfarrkirche St. Landelin** (1827–1829) hinter dem Hochaltar bestattet.

Von Ettenheimmünster aus geht es wieder hinauf in die Schwarzwaldberge, also in östliche Richtung. Auf dieser bewaldeten Strecke gibt es bald eine Abzweigung nach Norden, nämlich ins **Schuttertal,** um über Seelbach wieder die B 415 zu erreichen. Dieser folgt man nach Osten, an Hohengeroldseck (s. S. 108) vorbei, bis Biberach. Östlich von Biberach gelangt man schließlich in die Stadt **Zell am Harmersbach.**

Maria zu den Ketten

Eine weitere Wallfahrtskirche steht auf dem Besichtigungsprogramm, nämlich die **Kirche »Maria zu den Ketten«** in Zell am Harmersbach (ca. 7500 Einw.), die im Ortsteil Unterharmersbach steht. Eine Mönchszelle und eine Marienwallfahrt sind der Ursprung dieser Kirche, die um 1480 erbaut wurde. In den folgenden Jahrhunderten wurde sie mehrfach erweitert. Ihr Eingang wird von Bäumen und dem Harmersbach gesäumt.

Der Beiname »zu den Ketten« geht auf zwei Legenden zurück: Ein Schmiedegeselle aus der Gegend soll zur Zeit der Kreuzzüge die Gottesmutter angefleht haben, ihn von seinen Ketten und damit aus der Gefangenschaft in einem türkischen Gefängnis zu befreien. Die Bitte wurde erfüllt, und er brachte diese Ketten von dort mit; daraus wollte ein schwedischer Obrist des Dreißigjährigen Kriegs Steigbügel anfertigen lassen, doch die Ketten waren so lange auf wunderbare Weise verschwunden, bis er von seinem Vorhaben abließ. Die Legenden werden im großen Deckengemälde (1740/50) der Wallfahrtskirche bildhaft erzählt. Die Ketten hängen am Chorbogen.

Der Weg führt nun flußaufwärts, den Harmersbach entlang, Richtung Nordosten und damit auf eine landschaftlich sehr ansprechende Schwarzwaldstrecke. In engen Kurven geht es hinauf in die höhergelegenen Waldregionen und anschließend hinunter ins klimatisch mildere Renchtal, das von Route 4 her bereits bekannt ist (s. S. 97). Dort erreichen wir die B 28, der wir nach rechts folgen.

Die Straße führt in die alten Kurorte **Bad Peterstal** und **Bad Griesbach,** deren jeweilige Entwicklung eng miteinander verwoben ist. Die Geschichte der Badekuren in Peterstal geht bis ins 14. Jh. zurück, die in Griesbach beginnt im 16. Jh. Seit 1973 bilden die Badeorte eine Verwaltungsgemeinschaft.

Die B 28 verläuft steil nach oben, auf die Schwarzwald-Hochstraße (B 500) und den **Kniebis-Paß** zu. In einer der Spitzkehren hinter Bad Griesbach steht ein **Gedenkstein,** der an den Zentrumspolitiker **Matthias Erzberger** (geb. 1875) erinnert. Er, der am Ende des Ersten Weltkriegs für einen Verständigungsfrieden eingetreten war und die Waffenstillstandsverhandlungen mit der französischen Seite geführt hatte, wurde am 26. August 1921 unweit der Gedenkstelle von nationalistischen Fanatikern erschossen.

Wenn der Kniebis-Paß, also die B 500, erreicht ist, wenden wir uns nach rechts, halten uns aber noch vor dem Ort Kniebis wieder rechts, um tief hinab nach **Bad Rippoldsau** zu fahren. Rippoldsau gilt als das älteste badische Kurbad. Am Ende des mit seinem Kurzentrum modern ausgebauten Ortes treffen wir auf das barocke **»Klösterle«** und die **Wallfahrtskirche Mater Dolorosa** (klassizistischer Bau der Jahre 1828/29). Innen fällt besonders die spätgotische »Rippoldsauer Madonna« am Hochaltar auf.

Eine landschaftlich wiederum sehr reizvolle Strecke führt an der Wolfach entlang in südwestlicher Richtung zur B 294 (bei dem Ort Wolfach). Dort zweigt die Straße nach links ab und führt an Schiltach vorbei bis Schenkenzell. Und hier geht es linker Hand durch ein sehr stilles Tal mit einer engen, gewundenen Straße auf den kleinen Klosterort Wittichen zu.

Wittichen

Obwohl hier im Mittelalter ein wichtiges Silberbergbaurevier bestanden hat, muß die Gegend noch sehr rauh und unerschlossen gewesen sein, als die Klosterfrau Luitgard im Jahr 1324 dafür sorgte, daß hier ein Kloster gebaut wurde. Beim heutigen Betrachter freilich hinterlassen das abgeschiedene Tal und die idyllisch gelegene Kirche ganz am Ende der Welt einen bedeutend lieblicheren Eindruck.

Das farbig gefaßte Grabmal der seliggesprochenen Luitgard (gest. 1348) befindet sich in der ehemaligen **Klosterkirche.** Das Ölbild (1687) in der Nische hinter der Grabplatte zeigt die Klostergründerin und ihr Kloster, wie es ehedem ausgesehen haben muß. Neben dem Grab steht ein Reliquienschrein mit der Hirnschale der Toten darin.

Die jetzige Kirche wurde erst 1681 errichtet. 1803 fiel das Klarissenkloster der Säkularisation zum Opfer und wurde aufgelöst. Übrig blieb außer der Kirche der **»Lange Bau«** mit seinem Renaissance-Portal, der nunmehr als Pfarrhaus dient. Bach und Straße werden unter ihm hindurchgeführt.

Um das Tal zu verlassen, begibt man sich zurück nach Schenkenzell, nimmt dort linker Hand wiederum die B 294 und gelangt an der Kinzig entlang bald nach Alpirsbach (ca. 7000 Einw.), dem letzten Klosterort auf dieser Route.

Kloster Alpirsbach

Ein entscheidender Impuls für die Besiedlung dieser Waldregion ging von der im 11. Jh. erfolgten Gründung der Benediktinerabtei Alpirsbach aus, in deren Umfeld auch die Stadt Alpirsbach entstand.

Klostergeschichte

1099 konnte eine erste steinerne Kirche, deren Turm erhalten geblieben ist (nordwestlich der Klosterkirche), eingeweiht werden. Um 1130 waren die große, heute noch bestehende Kirche und das Kloster mit seinem Kreuzgang fertiggestellt.

Während des 14. Jh. geriet die Abtei Alpirsbach in eine schwere wirtschaftliche und geistige Krise, die zur Auflösung der klösterlichen Strukturen und 1451 zu einer Schließung des Klosters führte. Eine innere Reform brachte dann jedoch eine erneute Blütezeit für Alpirsbach, die 1535 durch die Auswirkungen der Reformation ihr Ende fand. 1556 kam es zur Aufhebung des Klosters durch den württembergischen Landesherrn.

Klosterbesichtigung

Die **Klosterkirche,** der **Kreuzgang** und die ehemaligen **Klausurgebäude** können besichtigt werden. Die dreischiffige romanische Kirche vermittelt in ihrer Strenge noch immer den Eindruck einer mittelalterlichen Mönchskirche. Beachtenswert sind u. a. der im nördlichen Querschiff aufgestellte fein geschnitzte Hochaltar (Marienkrönung/um 1500) und eine sehr seltene romanische Kirchenbank (12. Jh.) im nördlichen Seitenschiff. Über dem Hauptportal erhebt sich außen ein Tympanon aus der Gründungszeit um 1130, das Christus als Weltenrichter zeigt.

Westlich der Abtei ist der Turm einer **Wasserburg** aus dem 13. Jh. zu sehen, der den Klostervögten Wohnung bot und im 19. Jh. als Gefängnis diente. Die Klosteranlage wirkt insgesamt wie ein eigener Bezirk, abgegrenzt von der übrigen Stadt, und vermag Besucher durchaus zurück ins Mittelalter zu versetzen.

In der Alpirsbacher **Glasbläserei** (Krähenbadstr. 3) kann man zuschauen, wie aus der 1200° C heißen flüssigen Glasmasse Schalen, Vasen oder Gläser geformt bzw. geblasen werden.

Von Alpirsbach aus läßt sich eine abwechslungsreiche Radtour zum nördlich gelegenen **Stausee Kleine**

Kloster Alpirsbach

Kinzig unternehmen, der mit seinem 8 m breiten, 345 m langen und 70 m hohen Damm seit Ende der 1970er Jahre den Fluß Kleine Kinzig aufstaut. Da der See ein Trinkwasserspeicher ist, darf dort kein Wassersport betrieben werden.

Route: ca. 180 km; 3–4 Tage. Die Bundesstraßen sind gut ausgebaut, wenn auch oft sehr kurvenreich. Die Nebenstrecken sind enger, aber landschaftlich reizvoller. Es ist mit steileren Anstiegen und Abfahrten zu rechnen.

Unterkunft (Auswahl) in Alpirsbach: Gasthof Waldhorn, Kreuzgasse 4, ✆ 074 44/951 10, Fax 95 11 55: gute schwäbische Küche.
... in Bad Peterstal-Griesbach: Kurhotel Faißt, Am Eckenacker 5, ✆ 077 21/84 64, Fax 84 64 11.

... in Bad Rippoldsau-Schapbach: Landhotel Rosengarten, Fürstenbergstr. 46, ✆ 074 40/236, Fax 586.
... in Ettenheim: Hotel-Gasthof Zum Ochsen, Kirchstr. 3, ✆ 078 22/13 33: historisches Gebäude in der Altstadt, im Restaurant badische Küche und badische Weine.
... in Gengenbach: Hotel Sonne, Hauptstr. 23, ✆ 078 03/933 00, Fax 406 24: mitten in der Altstadt gelegen.
... in Lahr: Zum Löwen, Obertorstr. 5, ✆ 078 21/230 22, Fax 15 14: altes Fachwerkhaus, zentrumsnah gelegen.
... in Zell am Harmersbach: Hotel Sonne, Hauptstr. 5, ✆ 078 35/637 30, Fax 63 73 13: modernes Haus im Schwarzwaldstil.

Essen und Trinken (Auswahl) in Alpirsbach: Restaurant Zwickel und Kaps, Marktstr. 3, ✆ 074 44/ 517 27.

Narrenmuseum in Gengenbach

... in Bad Peterstal-Griesbach: Hotel Dollenberg, Dollenberg 3, ✆ 078 06/ 780.
... in Gengenbach: Gasthof Hirsch, Grabenstr. 34, ✆ 078 03/33 87. Steinkellerhaus, Hauptstr. 33, ✆ 078 03/ 24 71. Löwenbergkeller, Hauptstr. 13, ✆ 078 03/28 21.
... in Hohengeroldseck: Paßhöhenhotel, ✆ 078 23/20 44.

Öffnungszeiten in Alpirsbach: Alpirsbacher Glasbläserei, Krähenbadstr. 3, ✆ 074 44/60 09: Ostern–Anf. Nov. Mo–Fr 10–18, Sa 10–16, So 14–17 Uhr, Nov.–Mitte März eingeschränkte Öffnungszeiten. Kloster Alpirsbach, Klosterplatz 2, ✆ 074 44/ 510 61: Mitte März–Okt. tgl. 9–17, Nov.–Mitte März Do u. Sa 13.30–15 Uhr; Klausurgebäude und Kreuzgang des Klosters sind nur bei Führungen zu besichtigen (s. Führungen).
Museum für Stadtgeschichte, Ambrosius-Blarer-Platz 10, ✆ 074 44/ 951 62 81: April–Okt. Do, Sa/So u. Feiertage 14–17.30 Uhr.
... in Gengenbach: Flößermuseum, Brückenhäuserstr./direkt an der Kinzig, ✆ 078 03/37 64: April–Okt. Sa/So 14–17 Uhr. Narrenmuseum im Niggelturm, Hauptstr. 39, ✆ 078 03/93 01 43: April–Okt. Sa 14.30–17.30, So 10–12 u. 14.30–17.30 Uhr.
... in Lahr: Geroldsecker-Museum, Storchenturm/Ecke Markt-/Kreuzstr., ✆ 078 21/910 04 11: Mai–Sept. Mi, Sa/So u. Feiertage 17–19 Uhr. Stadtpark, Kaiserstr.: Juli–Aug. 8–21, Sept.–Juni 8–19 Uhr; März–Okt. mit Eintrittsgebühr. Museum der Stadt Lahr, Villa Jamm/ Kaiserstr. 101, ✆ 078 21/227 30: 1.Febr.–31.März Mi, Sa/So u. Feiertage 14–17 Uhr; 1.April–31.Okt. Mi u. Sa 14–17, So/Feiertage 10–12 u. 14–17 Uhr; 1. Nov.–31.Jan. Mi u. So 14–16, So/Feiertage 10–12 u. 14–16 Uhr.

... in Wittichen: Die Klosterkirche ist tgl. geöffnet. Klostermuseum, ✆ 078 36/13 11 od. 93 97 51: Sa 10–12 Uhr.

... in Zell am Harmersbach: Heimatmuseum Fürstenberger Hof/Unterharmersbach, Steinrücken 5, ✆ 078 35/63 69 47: April–Okt. Do u. So 14–17 Uhr. Heimatmuseum Storchenturm, Grabenstr. 1, ✆ 078 35/63 69 47: April–Okt. Di–So 14–17 Uhr.

Kulturelle Veranstaltungen in Alpirsbach: Kloster-, Kreuzgang- u. Orgelkonzerte im Kloster Alpirsbach, Auskunft: ✆ 074 44/951 62 81, Fax 951 62 83.

... in Gengenbach: »Kräuterbüscheltag« am 15. Aug. (Mariä Himmelfahrt): Blumen und Kräuter werden zu bunten Büscheln oder Rädern zusammengebunden, um sie beim Gottesdienst segnen zu lassen.

... in Rust: Europapark Rust, einige Kilometer westl. von Ettenheim, ✆ 078 22/770, weiträumiger Freizeit- und Erlebnispark: April–Okt. tgl. mind. 9–18 Uhr.

... in Wittichen: Luitgardfest jedes Jahr am 16. Okt.

Führungen in Alpirsbach: Klausurgebäude u. Kreuzgang des Klosters Alpirsbach können nur bei Führungen besichtigt werden; Klosterplatz 2, ✆ 074 44/510 61: Mo–Sa jeweils 10, 11, 14 u. 15 Uhr, So 14 u. 15 Uhr (im Sommer zusätzl. 16 Uhr).

... in Gengenbach: Stadtführungen werden über die Tourist-Information vermittelt: ✆ 078 03/93 01 43.

... in Lahr: Mai–Sept. kostenlose Stadtführung jeden Do, Treffpunkt 19 Uhr am Portal des Neuen Rathauses.

Information in Alpirsbach: Tourist-Information Alpirsbach, Haus des Gastes, Hauptstr. 20, 72275 Alpirsbach, ✆ 074 44/951 62 81, Fax 951 62 83

Pfau im Lahrer Stadtpark

... in Bad Peterstal-Griesbach: Kurverwaltung, Schwarzwaldstr. 11, 77740 Bad Peterstal-Griesbach, ✆ 078 06/79 33, Fax 79 50.

... in Bad Rippoldsau-Schapbach: Touristinformation, Kurhausstr. 2, 77776 Bad Rippoldsau-Schapbach, ✆ 074 40/91 39 40, Fax 913 94 94.

... in Ettenheim: Bürgerbüro, Kirchstr. 4, 77955 Ettenheim, ✆ 078 22/432 48, Fax 432 50.

... in Gengenbach: Tourist-Information Gengenbach, Winzerhof (zw. Engel- u. Höllengasse), 77717 Gengenbach, ✆ 078 03/93 01 43, Fax 93 01 42.

... in Lahr: Ticket- & TouristBüro, Im alten Rathaus, Kaiserstr., 77933 Lahr, ✆ 078 21/910 01 30, Fax 910 01 32.

... in Zell am Harmersbach: Kultur- und Verkehrsamt, Alte Kanzlei, 77736 Zell am Harmersbach, ✆ 078 35/63 69 47, Fax 63 69 50.

Route 6: Von Rottweil in den Hohen Schwarzwald

Im Südosten bietet der Schwarzwald einen Badeort: Bad Dürrheim. Im hohen Zentrum stürzt der Triberger Wasserfall über die Felsen. Dazwischen liegen reizvolle alte Städtchen mit ihren Burgruinen und sich schlängelnde Eisenbahnlinien.

Von Alpirsbach geht der Weg nach Osten zur B 14; dieser nach Süden bis Rottweil folgen.

Rottweil

Rottweil, der wohl vielseitigste Ort am Osthang des Südschwarzwalds (ca. 600 m), ist ein idealer Aufenthaltsort und Ausgangspunkt für Erkundungen des gesamten südbadischen Raums, denn diese Kleinstadt mit fast 25 000 Einwohnern bietet alle Voraussetzungen für eine abwechslungsreiche Tages- und Abendgestaltung. Bekannt ist die Stadt durch den **Narrensprung** (s. S. 124), das alemannische Fasnetstreiben zu Rosenmontag und Fastnachtsdienstag, wenn die Narren mit den traditionellen bunten Holzmasken die ganze Stadt unsicher machen.

Hier aus der Gegend stammen auch die **Rottweiler,** kräftige schwarze Hunde mit gelben oder roten Flecken auf dem kurzen Stockhaar, und die Hundezucht hat deshalb in Rottweil Tradition. Eine Mischung aus römischen Kampfhunden und Schwarzwälder Viehtreiber- und Metzgerhunden sollen die Rottweiler sein. Das erklärt ihren muskulösen Körperbau. Dennoch gelten sie bei entsprechender Erziehung als sanft, freundlich, kinderlieb und gehorsam.

Stadtgeschichte

Rottweil gilt als die älteste Stadt Baden-Württembergs. Von der 2000 Jahre alten Besiedlungsgeschichte zeugen römische Gebäudereste. So blickt das Rottweiler Badewesen auf eine lange Tradition zurück: Südlich des heutigen Zentrums, an der B 14 neben der Ruhe-Christi-

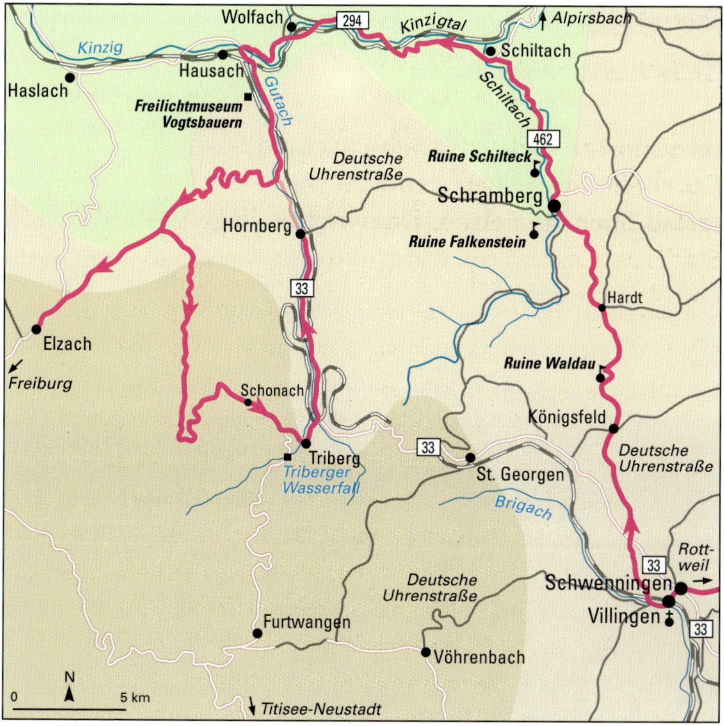

Route 6

Kirche und dem Friedhof, wurden die Grundmauern **römischer Badehallen** freigelegt (2.–3. Jh.). Die weitläufigen und vergleichsweise gut erhaltenen Anlagen legen die Vermutung nahe, daß Rottweil (Arae Flaviae) ein bedeutsamer römischer Stützpunkt war.

Auf dem Gebiet des heutigen Zentrums gründet der Zähringer Herzog Konrad II. um 1140 einen Markt an der Kreuzung zweier Straßen, ähnlich wie in Freiburg oder Villingen. 1463 schließt die von Patriziern und Zünften regierte Reichsstadt einen Bund mit den Schweizer Eidgenossen (1519), der auf »ewig« gelten soll, bis 1802/03 die Zuordnung zu Württemberg kommt. Heute ist Rottweil Kreisstadt mit verschiedensten traditionsreichen Gewerbezweigen, von der Hundezucht (Rottweiler) bis zum Buchdruck (Herder-Haus im Zentrum).

Stadtrundgang

Das sehenswerte **Alte Rathaus** (mit der Touristeninformation) ist ein guter Ausgangspunkt für den Rundgang. Von hier aus erreicht man schnell das gotische **Münster.**

Es entstand im 13. Jh., an den Rundbögen im Turmunterbau kann man den romanischen Einfluß noch erkennen. Chor und Sakristei sind die ersten gotischen Bauteile des 15. Jh., das Langhaus wurde Anfang des 16. Jh. vollendet. 1840–1843 machte der Restaurator Heideloff die zwischenzeitliche Barockisierung rückgängig. Er brachte ein spätgotisches Altarkreuz zur Geltung, das – wohl irrtümlich – Veit Stoß zugeschrieben wird, weil es so ausdrucksstark und fein geschnitzt wurde. Bemerkenswert sind außerdem das spätgotische Sakramentshäuschen und die Kanzel aus derselben Zeit. Das West- wie das Südportal erhielten 1984 interessante Bronzereliefs von Klaus Ringwald.

Narrensprung in Rottweil

Am **Neuen Rathaus** (1976) vorbei gelangt man zu einer weiteren Sammlung mittelalterlicher Figuren, diesmal in ganz profaner Umgebung, nämlich im 1992 errichteten **Dominikanermuseum.** Hier stand bis ins 19. Jh. das Dominikanerkloster neben der heute evangelischen **Dominikanerkirche.** Das Museum, Zweigstelle des Württembergischen Landesmuseums, bietet eine solche Fülle an Kunstwerken schwäbischer Bildhauer, daß ein Tag nicht ausreicht, den ›Schatz‹ zu ermessen!

Zum Neckar hin, an der Mauer, findet man in der profanierten **Lorenzkapelle** eines ehemaligen Friedhofs (16. Jh.) wiederum mittelalterliche Bildhauerwerke. Im Sommer kann man in dieser lauschigen Ecke lange sitzen und ins Tal hinabblicken.

Rottweil bleibt als Stadt der gotischen Plastik im Gedächtnis, wenn man sich nun noch zur südlich der Hauptkreuzung gelegenen **Kapellenkirche** begibt. Deren Turm wurde 1473 erhöht und gilt seither als einer der bedeutendsten Kirchtürme Süddeutschlands. Aber damit nicht genug: Die um die Mitte des

Sehenswerte Bürgerhäuser in Rottweil

14. Jh. geschaffenen Figuren wurden von Fachleuten als »Markstein in der Geschichte der deutschen Plastik« bezeichnet. Das ganze Figurenensemble mit Christus als Weltenrichter, Engeln und Propheten ist so fein, zart und elegant ausgearbeitet, daß man sich auf dem Gebiet der Steinbildhauerei kaum eine Steigerung vorstellen kann. Die barocke Innenausstattung bietet dazu einen extremen Gegensatz.

Über die B 27 gelangt man nach ca. 23 km über das moderne **Schwenningen** (Uhrenmuseum) in das sehenswerte **Villingen.** Zwischen beiden Städten gibt es eine gute Bahnverbindung. Als Wanderer oder Radfahrer fährt man auf gut ausgeschilderten Wegen über

Wiesen und Auwälder ohne große Steigungen an dem flach gewordenen Bächlein entlang, das sich hier immer noch »Neckar« nennt. Die Quelle entspringt im Naturschutzgebiet **Schwenninger Moos** südlich von Schwenningen bei einem Steinmal.

Villingen

Die alte Stadt an der Brigach mit geschäftiger Atmosphäre bildet zusammen mit Schwenningen eine – ungeliebte – Verwaltungseinheit, die knapp 80 000 Einwohner erreicht. Der Zusammenschluß scheint für Villingen von Vorteil gewesen zu sein, verbindet es auf diese Weise doch die Vorteile einer kleinen Großstadt mit der Beschaulichkeit eines historisch gewachsenen Ortskerns.

Stadtgeschichte

Die Geschichte der früheren Siedlungen beginnt mit einer ersten schriftlichen Erwähnung im Jahre 817, und schon 999 erhielten die Bewohner das Markt- und Münzrecht. Die eigentliche Stadtgründung erfolgte allerdings erst um 1100 durch die Herzöge von Zähringen. Auch Villingen wurde wie Freiburg lange Zeit von einem relativ selbständigen Magistrat beherrscht, zumal es 1218 Reichsstadt wurde und sich ab 1326 unter österreichische Herrschaft begab. Das endete 1806, als die Stadt – nach vorübergehender Zugehörigkeit zum Herzogtum Modena – an Baden fiel.

Stadtrundgang

Trotz dieser wechselnden Herrschaften blieb als Grundstruktur der Stadt das »Zähringer Straßenkreuz« erhalten: Riet- und Bickenstraße schneiden sich mit der Oberen und Niederen Straße, die heute eine ansprechende Fußgängerzone bilden. Dort, wo die Straßenenden auf die ehemalige Ummauerung (im Kern 13. Jh.) stoßen, befinden sich noch **Tortürme** (außer im Süden), deren Erscheinungsbild vom 16.–18. Jh. geprägt ist. Viele alte **Bürgerhäuser** färben die Hauptstraßen richtig bunt, so als wolle jedes seine eigene Hausgeschichte erzählen. Auf das 12. Jh. gehen die Häuser in der Niederen Straße zurück, wobei viele Gebäude bis in die Gegenwart stark verändert wurden, insbesondere die Erdgeschosse. Einen bunten Eindruck machen die Straßen erst recht im Winter, zur Zeit der **»Villinger Fasnet«,** wenn die historischen Symbolfiguren unterwegs sind.

Wichtigste Sehenswürdigkeit ist das doppeltürmige **Liebfrauenmünster,** erbaut nach dem (einzigen) Stadtbrand von 1271 auf – zum Teil noch erhaltenen – romanischen Resten von Vorgängerbauten aus dem 12. Jh. Von diesem Stil zeugen das Westportal, der Nordturm, die Untergeschosse des Südturms sowie das eindrucksvolle südliche Doppelportal (zwei Türen nebeneinander).

Vom Westportal ausgehend stößt man an der Rathausgasse auf das **Alte Rathaus** (Museum zur Stadtgeschichte) mit Stufengiebel. An der nordwestlichen Ummauerung liegt das ehemalige Benediktinerkloster, das wohl schon im 12. Jh. von Mönchen aus St. Georgen (15 km nordwestlich) besiedelt wurde. Wenn die Villinger zum **»Franziskaner«** gehen, begeben sie sich in ein ehemaliges Kloster (13. Jh.), das heute samt Kirche als Museum und Konzerthaus dient. Das Franziskanermuseum ist direkt neben dem westlichen Riettor zu finden.

Lange kann man sich noch in den südlichen Seitengassen aufhalten oder über die geschäftigere Rietstraße, an der Touristen-Information vorbei, auf die andere Seite der Brigach schlendern. Dort, an der Straße nach Donaueschingen, befindet sich das älteste Siedlungsgebiet, erkennbar an einem **romanischen Turm** aus dem 12. Jh. Südlich von Villingen liegt der 769 m hohe **Magdalenenberg** mit einem der größten Grabhügel der Hallstattzeit in Mitteleuropa.

Ca. 6 km südlich von Schwenningen bietet **Bad Dürrheim** zahlreiche Kur- und Badeeinrichtungen, die zum Teil noch aus der Mitte des

Café Raben in Villingen

Fasnacht oder Fasnet

Vom Schmutzigen Donnerstag bis Aschermittwoch und weiter

Die Zeit der »Fasnet« wird im Schwarzwald mit dem »Schmutzigen Donnerstag« eingeläutet. Etwa 400 Narrenorganisationen beginnen dann ihr buntes Treiben, pflanzen Narrenbäume und toben in bunten und kunstvollen Kostümen durch die Straßen, mit einigen lokalen Unterschieden: In Offenburg und Gengenbach dürfen sich nur die Männer als Hexen verkleiden. In Villingen werden in den närrischen Tagen besonders komische Masken gesichtet. Eines aber ist allen Orten, an denen Fasnet gefeiert wird, gemeinsam: Überall wird viel Lärm gemacht, der sich an manchen Orten noch bis Aschermittwoch – mit lauten »Trauermärschen« – fortsetzt.

Berühmt ist der »Narrensprung« in Rottweil: Neben den Hexen mit den grobgeschnitzten Holzmasken sieht man hier den Federahannes, bekleidet mit einem weiten federgeschmückten Mantel, einem Symbol des Winters, der nun ausgetrieben werden soll; das Gschell trägt eine freundliche Maske und ein weißes Narrenkleid mit Schellenriemen und verkörpert wahrscheinlich den herannahenden Sommer; die Fransenkleider entstanden in Anlehnung an die Uniformen des Militärs Ende des 18. Jh. und wurden wohl ursprünglich von Mädchen und Frauen getragen.

Im südwestlich gelegenen Dreiländereck kann man nach den tollen Tagen auf deutscher Seite in der Schweiz weiterfeiern: Denn im nahen

19. Jh. stammen. Ganz modern gestaltet ist die **»Solemar«-Badelandschaft** mit Sauna, Dampfbad, Sprudelbecken, Grotten und vielem mehr.

Zum schönen Kirnachtal führt die Straße in Richtung Furtwangen. Zum nächsten Ziel, der Ruine Waldau, fährt man auf der B 33 ca. 10 km nach Nordwesten, um dann im 3,5 km entfernten Königsfeld (wo Albert Schweitzer oft die Orgel geschlagen haben soll) nach rechts abzubiegen. Von dort sind es noch ca. 3 km nach Norden, in Richtung Schramberg, bis auf der linken Seite die **Ruine Waldau** auftaucht. In wenigen Minuten ist man zu Fuß bei der von hohen Bäumen umstandenen Ruine angekommen. Wenn man auf dem Weg direkt vor den Resten der bis zu 11 m hohen Burgmauer steht, sieht man vor lauter Bäumen nicht einmal den

Poetisch wie in Venedig – Baseler Morgenstraich

Basel beginnt die dreitägige Fasnacht erst am Montag nach Aschermittwoch mit dem sogenannten Morgenstraich. Die gespenstisch maskierten und musizierenden Gruppen wirken im Morgengrauen (ab 4 Uhr früh) noch poetischer als in Venedig.

25 m hohen Bergfried. Die letzten Eigentümer, die Württemberger Grafen (ab 1445), haben anscheinend das Interesse an dem Besitz verloren.

Die Fahrt zum nächsten Zielort, Schramberg, verläuft auf einer landschaftlich sehr ansprechenden Straße, entlang derer sich Wald- und Wiesenflecken angenehm abwechseln. Bis zum 4 km entfernten **Hardt** (785 m) steigt die Straße an, hinter dem Ort geht es 6 km steil und teils in engen Kurven bergab.

Schramberg (ca. 20 000 Einw.) grüßt mit einem freundlichen Marktplatz (Marktrecht seit dem 16. Jh.), der zu einer kleinstädtischen Fußgängerzone gehört (Marktstraße).

Schramberg, das in fünf Schwarzwaldtälern eingebettet liegt, ist ein idealer Ausgangspunkt für Wanderungen, so etwa zur **Ruine Falkenstein** an der Straße nach Tennenbronn. Am Ortsausgang links, 20 m oberhalb der Straße, erhebt sich bei zwei großen, alten Linden zunächst ein weiteres Juwel für den ›Sammler‹ gotischer Plastik: Die bereits für 1004 bezeugte **Kapelle der Falkensteiner,** im Kern gotisch, aber barockisiert (bezeichnet 1713), bewahrt eine spätgotische Beweinung Christi von höchster Anmut. Auf der anderen Straßenseite liegt nun die erste von drei Ruinen mit einem erhaltenen Turm: **Ober-** und **Unterfalkenstein.**

Ausgedehnter und mächtiger sind die Reste der Mauern von **Hohenschramberg,** auch Nippenburg genannt, eine Ruine direkt oberhalb (nordwestlich) der Stadt (Richtung Hornberg fahren und am Stadtausgang nach rechts abbiegen. Nach ca. 1,5 km erreicht man ein Gasthaus und die Burgruine). Die ehemalige Burg wurde 1457–1459 von Hans von Rechberg errichtet, der in viele Fehden verstrickt war. Diesen hielt die Burg stand, erst 1689 wurde sie von den Franzosen endgültig ›ruiniert‹. Die rotbraune Mauer des Hauptgebäudes erhebt sich über die ebenso gefärbten Felsen und Grundmauern. Die dritte Burgruine erreicht man, wenn man – auch sehr schön mit dem Fahrrad zu machen – an der Schiltach entlang nach Norden auf der B 462 zum nächsten größeren Ort fährt, ebenfalls mit Namen Schiltach. Am nördlichen Ortsausgang thront hoch oben die **Ruine Schilteck** mit einem 18 m hohen romanischen Bergfried (um 1200; Anstieg eine halbe Stunde zu Fuß).

Nach 10 km Fahrt durch das sich schlängelnde Waldbachtal der Schiltach, dessen seitliche Hänge z. T. steil ansteigen, teilt sich die Bundesstraße, rechts zweigt die Straße nach Schiltach ab, einem der schönsten Orte des mittleren Schwarzwalds.

Schiltach

Nicht nur die Lage an zwei Flüssen – die Schiltach mündet hier in die Kinzig – macht Schiltach zu einem der gemütlichsten Schwarzwaldörtchen (4000 Einw.), auch die übersichtliche Gliederung mit kleinen Straßen, Gassen und Plätzen, vielen Fachwerkhäusern vor direkt ansteigenden Waldhügeln trägt ihren Teil zur Beschaulichkeit bei.

Auch zur Kinzig hin ist es idyllisch. Besonders am **Gerberviertel** (mit Kanal) sind noch die alten Strukturen einer Handwerkersiedlung abzulesen, nämlich an den Gebäuden und Einrichtungen der Flößer und Holzhändler.

Geschichte und Besichtigung

Die Kinzigflößer waren von großer Bedeutung für die Stadtgeschichte: Vom 15. bis ins 19. Jh. lebten sie im ganzen Umkreis, wurde doch die Flößerei von hier aus in ganz Mitteleuropa betrieben. Aber auch die Straßenverbindungen haben in Schiltach eine große Vergangenheit. Römerstraßen gingen von hier aus ins römische Rottweil und nach Straßburg. Ab dem 10. Jh. wechselten sich die Hohengeroldsecker, die Herzöge von Teck und die Württemberger im Besitz von Schiltach ab, zu Beginn des 19. Jh. wurde es badisch.

Einer der bezauberndsten Plätze ist der Marktplatz mit dreieckigem Grundriß, nach einer Seite hin leicht ansteigend. Am Platz selbst stehen das **Rathaus** vom Ende des 16. Jh. (neue Bemalung), ein **Gasthaus** vom Beginn des 17. Jh. mit Fachwerk und ein **Brunnen** von 1751 sowie ein **Heimat-** und ein **Apothekenmuseum.** Oberhalb des Platzes erhebt sich ein Burgberg mit **Ruine,** eingebettet in eine Parkanlage.

Bei längeren Aufenthalten bieten sich von hier aus Ausflüge nach Alpirsbach oder ins Kinzigtal an (s. S. 114). Ins 10 km entfernte **Wolfach** fährt man auf der B 294 durch ein typisches Schwarzwaldhochtal: Erst geht es immer an der Kinzig entlang, daneben verläuft die Bahnlinie und zu beiden Seiten die steilen Waldhänge. Der gut ausgeschilderte Radweg ist ebenfalls zu empfehlen.

Rosenmontag geht es auf der Schiltach »da Bach na«

Wolfach

Mit seiner breiten Marktstraße weist auch die Geschichte von Wolfach auf den Ursprung im 13. Jh. hin. Der Ort war jedoch nicht im Besitz der Zähringer, sondern der Fürstenberger; und schon im 14. Jh. wurde er Stadt. Städtisches Selbstbewußtsein ist heute noch am stolzen **Rathaus** abzulesen, dessen heutige Gestalt nach einem Brand weitgehend auf das Jahr 1893 zurückgeht, die Bemalung stammt aus dem 20. Jh.

Im weiteren Verlauf der von Fachwerkhäusern gesäumten Straße kommt man mitten durch den Hof eines **Barockschlosses** der Fürstenberger (1671–1681). Die Marktstraße geht mitten durchs Schloß und teilt die Anlage in jeweils drei Gebäudeflügel auf beiden Seiten.

Hausach

Im Gewirr der Autostraßen findet sich der Fahrradfahrer dank ausgeschilderter Radwege gut zurecht. An Banken, Geschäften, Behörden usw. mangelt es nicht.

Hausach (knapp 6000 Einw.) gehörte seit dem 13. Jh. ebenfalls den Fürstenbergern, und aus dieser Zeit stammt auch noch ein romanisches Kreuzigungsrelief im Bogenfeld über dem Eingang zur spätgotischen **Friedhofskirche** (16. Jh.). Auch einzelne Bürgerhäuser mit Fachwerk sind trotz zahlreicher Neubauten erhalten geblieben. Ansonsten stören in dem breiten Tal die vielen Straßen, sogar der Fluß ist stark kanalisiert worden.

Hier muß man sich nicht länger aufhalten, aber ein ca. 3 km südlich von Hausach gelegenes **Freilichtmuseum** lohnt den Besuch. Auf dem Gelände wurden einige wertvolle alte Gebäude aus verschiedenen Schwarzwaldorten wiederaufgebaut. Das bäuerliche Leben kommt in den Stuben und Ställen durch viele handwerklich bewundernswert gearbeitete Geräte zum Ausdruck. Das Abtragen und anschließende Wiedererrichten der alten Höfe im Freilichtmuseum war meist deren letzte Rettung.

Das Freilichtmuseum gehört schon zu **Gutach.** Von hier aus kann man vor der Weiterfahrt nach Hornberg und Triberg eine ›aussichtsreiche‹ Rundfahrt ins ca. 18 km entfernte Elzach unternehmen, die Ausblicke über die Berge und Wälder lohnen den Weg.

Elzach

Bereits 1178 wurde Elzach urkundlich erwähnt, schon früh war es mit den Herren von Schwarzenberg eng verbunden. Von 1323 an gehörte es zu den vorderösterreichischen Landen. Die **Nikolauskirche** besitzt einen Chor von 1522 und ein Sakramentshäuschen aus der gleichen Zeit mit Glasmalereien, die an das Freiburger Münster erinnern. Die übrige Ausstattung stammt aus dem 19. oder 20. Jh. Sehenswert ist noch das **Neue Rathaus** von 1909 mit Staffelgiebel.

Auf der Rückfahrt biegt man nach 7 km rechts ab und folgt dem stimmungsvollen Flußlauf mit seinen ganzen Windungen ca. 16 km bis **Schonach** (4500 Einw.). Dieser bei Wintersportlern beliebte Ort bietet reichlich Unterkünfte und Geschäfte aller Art. Ein besonderer Gag ist die ›größte Kuckucksuhr der Welt‹. Erfunden wurde die Kuckucksuhr angeblich im 18. Jh. im nahegelegenen Schönwald. Der **Dominihof,** Im Grub 5, ist ein Schwarzwaldhaus aus dem 17. Jh. vom Typ des Gutachtäler Hauses, in der üblichen Ständer-Bohlen-Konstruktion (s. S. 37) erbaut. Innen wurden eine holzgetäfelte Stube und die Rauchküche bewahrt.

Das malerisch am Schnittpunkt dreier Hochtäler gelegene **Triberg** (6000 Einw.) besucht man hauptsächlich wegen der Wasserfälle, die von der Straße nach Schönau aus gut ausgeschildert sind. Zuvor aber steht die **Wallfahrtskirche »Maria in der Tann«** auf dem Programm. Diese Wallfahrtskirche ist ein gutes Beispiel für das Bedürfnis,

Triberger Wasserfall

Der Nachtwächter war an allem schuld …

Das Schießen zu Hornberg

Wer schoß nun wann auf wen oder wann warum nicht, könnte man fragen. Der Duden hält die Redensart über den Ausgang des Hornberger Schießens jedenfalls für »eine Angelegenheit, die ohne Ergebnis bleibt«. Doch wenigstens Schiller nahm die Sache so ernst, daß er sie in seinen »Räubern« zitierte, wenn auch mit leicht ironischem Tonfall, und damit literarisch der Ewigkeit anvertraute: »Da ging's aus wie's Schießen zu Hornberg, und mußten abziehen mit langer Nase«, 1. Akt, 2. Szene.

Aber was ist wirklich dran am Hornberger Schießen? Es gibt allerhand Vermutungen: Es heißt, die Villinger hätten einst Hornberg belagert, und die Hornberger hätten sie vergeblich beschossen. Auch heißt es, im Dreißigjährigen Krieg hätten sich feindliche Truppen im oberen und unteren Schloß gegenübergelegen, ohne sich gegenseitig vertreiben zu können. Kriegerische Geschichten.

Viel sympathischer wirken da die Anekdoten um die Hornberger Schützengilde. Einmal luden die Schützen der Gilde – wohl auch zur Zeit des Dreißigjährigen Kriegs – die Schützengilden benachbarter Orte zu einem Fest ein, flohen aber selbst, aus Angst vor den angeblich anrückenden Schweden, in die Wälder, so daß die unwissenden

einen landschaftlich schönen Fleck religiös zu überhöhen: 1644 wurde eine von hohen Bergwaldtannen gesäumte Quelle der Muttergottes geweiht. Auf ein schlichtes Madonnenbild folgte zunächst eine Holzkapelle, bis 1705 schließlich die Wallfahrtskirche erbaut wurde. Ihre Altäre und Figuren vermitteln aufs schönste die selige Leichtigkeit des 18. Jh.

Den **Triberger Wasserfall** hört man schon von weitem. Wer noch nie dort war, kann kaum erwarten, an einem der Parkplätze südlich von Triberg an der B 500 stehenzubleiben und sich auf ausgeschilderten Wegen dem Naturschauspiel zu nähern. Besonders im Frühjahr, während der Schneeschmelze, erschauert man vor der Gewalt der Wasserkräfte, die sich im Kampf gegen den Granitstein einen Weg in die Tiefe (162 m) gebahnt haben. Etwas sensationsheischend wird vom ›höchsten Wasserfall Deutschlands‹

Gäste, die wie vereinbart eintrafen, ihre Gastgeber nicht vorfanden. Andere Geschichten behaupten, der württembergische Herzog hätte den Hornberger Schützen mal den finanziellen Zuschuß fürs Pulver verweigert, oder die Schützen hätten zu viel getrunken und die Schießscheiben verfehlt.

Am humorvollsten und gewiß touristisch am interessantesten ist die in Hornberg offiziell vertretene und alljährlich durch ein historisches Freilichtspiel untermauerte Version: Darin war nämlich der Nachtwächter an allem schuld. 1564 erwartete die Stadt aufgeregt und hocherfreut den Besuch des Landesherrn, Herzog Christoph von Württemberg. Also wollte man dem hohen Gast im Moment seines Eintreffens begeistert Salut schießen.

Nachtwächter Lauble auf seinem Turm war beauftragt, Signal zu geben, wenn er die Staubwolke des herzoglichen Trosses sähe. Leider täuschte ihn sein Blick zweimal: Zuerst war's nur ein Hirte mit seiner Herde, Rindviecher also, und dann ein Händler mit seinen Waren. Doch beide Male schossen die Hornberger Kanoniere, was das Zeug hielt. Dumm war nur, daß der Herzog danach wirklich kam, und noch dümmer, daß alles Pulver bereits verschossen war. Um Einfälle nicht verlegen, versuchten die Schützen die nicht mehr erzeugbaren Schüsse durch lautes Piff-paff-Rufen zu imitieren, was der ehrenwerte Besuch gelassen hingenommen haben soll.

Wie mag es sich wirklich zugetragen haben? Bleibt letztlich vielleicht doch nur der Schluß, daß alle möglichen Deutungsversuche des überlieferten Spruches ganz einfach »ausgehen wie das Hornberger Schießen«?

gesprochen, aber der Eindruck ist noch gewaltiger, als es solch eine Angabe ausdrücken könnte.

An lärmendes Getöse denkt man auch beim Stichwort »Hornberger Schießen« (s. o.) im nahegelegenen **Hornberg** (ca. 5000 Einw.). Die Bahnfahrt zwischen St. Georgen, Triberg und Hornberg mit ihren Tunnels, Viadukten und Haarnadelwindungen gehört zu den aufregendsten im deutschen Mittelgebirge.

Route: ca. 138 km; 5–6 Tage. Schnell befahrbare Bundesstraßen wechseln mit schmaleren Wegen. Unter anderem stößt man auf die »Schwarzwälder Uhrenstraße«.

Unterkunft (Auswahl) in Bad Dürrheim: Hotel-Restaurant Landhaus Wagner, Luisenstr. 18, ✆ 077 26/202. Kleines, individuelles und sehr stilvolles Haus am Luisengarten/Solemar.

... in Rottweil: Romantik-Hotel Haus zum Sternen, Hauptstr. 60, ✆ 07 41/

Korbwarenladen in Hausach

533 00, Fax 53 30 30: mittelalterliches Haus mit historischen Räumlichkeiten und Blick auf die Flußlandschaft mit Bahnlinie (Tunnel unter dem Haus). Hotel Johanniterbad, Johannsergasse 12, ✆ 07 41/53 07 00, Fax 412 73: moderneres Haus am Rand der Altstadt mit schönem Blick auf die Flußlandschaft.

... in Schiltach: Gasthaus Adler, Hauptstr. 20, ✆ 078 36/368: berühmtes Fachwerkhaus im Zentrum. Gasthaus Sonne: Marktplatz 2, 078 36/20 02: schönes Fachwerkhaus am idyllischen Marktplatz-Brunnen.

... in Triberg: Parkhotel Wehrle, Romantik-Hotel, Gartenstr. 24, ✆ 077 22/860 20, Fax 86 02 90: mit Park, Hallenbad und Freibad, dennoch stadtnah.

Essen und Trinken in Rottweil: Villa Duttenhofer, Königstr. 1, ✆ 07 41/431 05, Fax 415 95. So u. Mo Ruhetag. Sehr feine Speisen der Spitzenklasse.

... in Schramberg: Restaurant Hirsch (auch Zimmervermietung), Hauptstr. 11, ✆ 074 22/205 30, Fax 254 46: Schmackhaftes Essen von hoher Qualität in einem beliebten Lokal.

Öffnungszeiten in Hausach: Freilichtmuseum in Gutach: April–Okt. 8.30–18 Uhr.

... in Rottweil: Dominikanermuseum/Sammlung Dursch, Am Kriegsdamm: außer Mo u. Feiertage 10–13 u. 14–17 Uhr. Römerbad (Freilichtmuseum) beim Stadtfriedhof: immer geöffnet. Salinenmuseum, Primtal, ✆ 07 41/49 43 30: Mai–Sept. Mi u. So 14.30–17 Uhr. Stadtmuseum, Hauptstr. 20, ✆ 07 41/49 43 30: Di–Sa 10–12 u. 14–17 Uhr, So 10–12, außer an Feiertagen.

... in Schiltach: Apothekenmuseum, Marktplatz 5, ✆ 078 36/360: April–Okt. Di–So 10–12 u. 14.30–17 Uhr, Nov.–März nur So u. Feiertage, nicht nur für Apotheken-Spezialisten. Flößerstube, Gerbergasse: Mai–Okt., 10–12 Uhr, aus der Tradition der weitgereisten Flößer. Schüttesägenmuseum, Gerbergasse, am Parkplatz bei der evang. Kirche: wie Museum am Markt/Apothekenmuseum. Klostermuseum Wittichen, ✆ 078 36/13 11: im Sommer Sa 10–12 Uhr.

... in Villingen: Franziskanermuseum, Rietgasse 2: Di–Fr 15–17, Do, Sa, So 10–12 u. 15–17 Uhr. Internationales Luftfahrtmuseum, Schwenningen Ost, am Flugplatz, ✆ 077 20/663 02: tgl. 9–19 Uhr, auch Rundflüge mit Oldtimer-Doppeldecker bei schönem Wetter. Uhrenindustriemuseum e. V., Bürkstr. 39, Schwenningen, ✆ 077 20/380 44, Fax 82 23 77: lokale u. regionale Uhrengeschichte, tgl. außer Mo 10–12, 14–18 Uhr; mit Laden u. Café.

Kulturelle Veranstaltungen in Hornberg: traditioneller Schellenmarkt im Juni; Freilichtspiele »Hornberger Schießen« Juni–Aug.; Fasnetumzüge; Pilzlehrschau April–Sept.; Sommernachtsfest im Aug.; Trachtenumzug im Sept.

... in Rottweil: »Historischer Narrensprung« am Faschingsdienstag vor dem Schwarzen Tor. Konzerte in der Predigerkirche: ✆ 07 41/126 74. Münsterkonzerte: s. Information. Rottweiler Musiktage: Juni, s. Information.

... in Schiltach: Wochenmarkt, Frühjahr bis Herbst jeden Do 8–12.30 Uhr, Lebensmittel u. Spezialitäten aus der Region. Jahrmärkte, u. a. Weihnachtsmarkt. Silvesterzug der Nachtwächter.

... in Schramberg: Da-Bach-na-Fahrt, Fasnachtsmontag 13 Uhr.

... in Villingen-Schwenningen: umfangreiches Theater- u. Konzertprogramm mit internationalen Orchestern u. Ensembles, Kulturamt Villingen-Schwenningen, Romäusring 2, Villingen, ✆ 077 21/ 82 23 10. Villinger Münsterkonzerte: Orgel, Chöre, Orchester, Solisten; internationale Künstler. Jazzfestival: um den 1. Mai, mit internationalen Gruppen u. Solisten (s. Kulturamt). Großer Villinger Fasnetumzug: Faschingsdienstag ab 13 Uhr; später weitere Veranstaltungen, z. B. um 24 Uhr Strohverbrennen der »Wueschte« auf dem Münsterplatz.

Führungen in Rottweil: Führungen im Dominikanermuseum, s. Öffnungszeiten. Führungen im Salinenmuseum, ✆ 07 41/438 22. Stadtführungen, s. Information.

... in Schonach/Schönwald/Triberg: Führungen u. a. zu den Triberger Wasserfällen, nostalgische Bahnfahrten, Wandern ohne Gepäck, Mountainbike-Touren, Langlauf-Wochen, Besuch des Schwarzwaldmuseums veranstalten die Kurverwaltungen in Schonach und Triberg, s. Information.

... in Villingen: Stadtführungen, Kirchen- u. Klosterführungen, Wehranlagen u. Belagerungen, Turmbesteigung, Schwenninger Moos, Kurgastwanderung, Radwanderung, Ausflugsfahrten; alle Angebote über den Tourist-Service, s. Information.

Information in Bad Dürrheim: Kur- und Bäder GmbH, Luisenstr. 4, 78073 Bad Dürrheim, ✆ 077 26/ 66 62 95, Fax 66 63 01.

... in Hornberg: Verkehrsamt, Bahnhofstr. 3, 78132 Hornberg, ✆ 078 33/ 793 44, Fax 793 29.

... in Rottweil: Tourist-Information, Altes Rathaus, Hauptstr. 21, 78628 Rottweil, ✆ 07 41/49 42 80, Fax 49 43 73.

... in Schiltach: Verkehrsamt, Hauptstr. 5, 77761 Schiltach, ✆ 078 36/585.

... in Schonach: Kurverwaltung, Hauptstr. 6, 78136 Schonach, ✆ 077 22/ 96 48 10, Fax 25 48.

... in Triberg: Kurverwaltung, Postfach 1335, 78093 Triberg, ✆ 077 22/ 95 32 31, Fax 95 32 36.

... in Villingen: Tourist-Service, Rietstr. 8 (Fußgängerzone), 78050 Villingen-Schwenningen, ✆ 077 21/82 23 40, Fax 82 23 47. Auch eine Gästekarte für die umfangreichen kulturellen u. sportlichen Aktivitäten (s. Führungen) ist hier erhältlich.

... in Wolfach: Verkehrsamt, Hauptstr. 41, 77709 Wolfach ✆ 078 34/ 83 53 53, Fax 83 53 59.

Freiburg

Um das Wahrzeichen, den berühmten gotischen Münsterturm, entfaltet sich jugendliches, von einer bedeutenden Universität geprägtes Leben: in lauschigen Altstadtgassen interessante Läden aufspüren, Galerien besuchen – oder für immer dableiben.

Einstimmung

Freiburg gilt nicht nur bei seinen Einwohnern (über 200 000) als eine der schönsten Städte Deutschlands, was mehrere hunderttausend Gäste pro Jahr unter Beweis stellen. Seine historische Altstadt grenzt direkt an die ansteigenden Schwarzwaldhügel; vom zentralen Münsterplatz ist der östliche Schloßberg, der dem Altstadtkern mit seinem Laubwald einen grünen Hintergrund verleiht, in wenigen Schritten erreichbar. Im Süden wird der Altstadtkern von der Dreisam tangiert, an der Radfahrer vom Hochschwarzwald aus, z. B. von Titisee her, auf einem beschilderten Radweg entlangfahren können. Ein Nebenarm des Flusses, ein ehemaliger Mühlenkanal (Gewerbebach), strömt mitten in die Altstadt hinein und prägt die Umgebung der Bereiche Insel, Gerberau und Fischerau auf pittoreske Weise. Eine Vielzahl von weiteren Wasserrinnen (»Bächle«), um 1170 für Handwerk und Tierhaltung angelegt, lockert das Straßenbild zusätzlich auf.

Tuniberg (314 m) und Kaiserstuhl (557 m) trennen die Ebene im Westen der Stadt vom Rheintal ab. Die oft stark befahrene B 31 stellt für den Autofahrer einen Hauptzugang in den Hochschwarzwald – durch das Höllental – dar.

Die traditionsreiche Universität mit ihren ca. 25 000 Studenten bringt jugendliches Flair in die auch wirtschaftlich lebendige »Bürgerstadt«. Interessante Geschäfte, Straßencafés, Bier- und Weinkneipen und ein vielfältiges kulturelles Leben lassen Freiburg für die Reisenden anregend und gemütlich zugleich wirken.

Stadtgeschichte

Um 1091 ließ Berthold I. von Zähringen auf dem Schloßberg eine Wachburg bauen, die wohl dem Zähringer Herzog Konrad 1120 Anlaß zur Stadtgründung gab. Bald erhielt Freiburg einen Markt, und dank des heimischen Silberbergbaus und der Granitschleiferei begann eine wirtschaftliche Blütezeit.

1146 gab es schon einen Vorgängerbau des heutigen Münsters, das nach 1200 begonnen wurde. Um 1280 entstand eine Gerichtslaube (s. Altes Rathaus), im selben Jahrhundert ließen sich mehrere Orden in Freiburg nieder. Unter anderem durch die Pest von 1348 und die sie begleitende Judenverfolgung kam eine Zeit des wirtschaftlichen Niedergangs. 1368 gelangte Freiburg in den Besitz der Habsburger, dabei wurde die Burg zerstört. Eine Blütezeit folgte wieder nach 1457, als die Universität durch Erzherzog Albrecht IV. von Österreich gegründet und das Münster weitergebaut wurde (Weihe 1515). 1498 fand in Freiburg der Reichstag statt. Ab 1634 wurde die Stadt wechselweise von den Franzosen und Österreichern erobert. 1805 fiehl sie an Baden. 1845 begann mit dem Bahnanschluß die Industrialisierung. Nach den schweren Zerstörungen von 1944 wurde der Wiederaufbau eine der wichtigsten Aufgaben; heute ist Freiburg Sitz der Regierung von Südbaden.

Stadtrundgang

Das gotische **Münster** ist aufgrund seines berühmten Westturms (116 m) ein leicht zu findender Ausgangspunkt. Die heutige Kathedrale des Erzbistums (seit 1821) wurde in den ersten Jahrzehnten des 13. Jh. begonnen. Von diesem spätromanischen Bau nach Basler Vorbild sind u. a. das Querhaus und die unteren Teile seiner flankierenden Türme erhalten. Die anderen Bauteile entstanden nach Straßburger Vorbild ab ca. 1260 in gotischem Stil; der gotische Chor wurde allerdings erst ab 1354 unter dem Einfluß der Parler-Familie, die auch den Veitsdom in Prag schuf, aufgerichtet. 1510 war der Hochchor fertiggestellt. Eine Vielzahl von feinen Strebepfeilern, Türmchen, Spitzen und Maßwerken aus rotem Sandstein umrankt das prächtige Gotteshaus. Geniale Architekten ließen 1270–1340 den **Westturm** entstehen, der sich unmerklich von einem quadratischen Grundriß in ein Vieleck entwickelt. Seine Spitze ist kein bedeckendes Dach mehr, sondern reine Zierde, durch die der Himmel glitzert.

Wir betreten das Münster von der Südseite her, wo uns am Querhaus eine »frühbarocke« (Dehio) Vorhalle von 1620 begrüßt. Nach einem romanisches Portal wenden wir uns gleich rechts der ebenfalls romanischen **Nikolauskapelle** mit Ranken- und Bilderfriesen zu. Ein größeres Relief zeigt die Salbung Davids durch Samuel, die neuerdings als Krönung eines Pilgers durch den hl. Jakob gedeutet wird.

Man bezahlt eine Eintrittskarte, um in den Chorumgang zu gelangen, der reich mit Kunstwerken und einem Kapellenkranz ausgestattet ist. Kleine Tafeln geben Hinweise auf die Hauptkunstwerke, von denen wir nur zwei aufgreifen können: In der **Universitätskapelle,** der zweiten Kapelle nach jener mit

Freiburg
1 Münster
2 Erzbischöfliches Palais
3 Kaufhaus
4 Haus zum Schönen Eck (Museum für Stadtgeschichte)
5 Baseler Hof
6 Martinskirche
7 Altes Rathaus
8 Neues Rathaus
9 Gerichtslaube
10 Colombischlößle
11 Konzerthaus
12 Neue Universität
13 Alte Universität
14 Martinstor
15 Augustinermuseum
16 Adelhausermuseum
17 Museum für Neue Kunst
18 Schwabentor

einem Brunnen (17. Jh.), beeindrucken uns zwei Altarflügelbilder, 1519/21 von Hans Holbein d. J. gemalt und die Anbetung durch Hirten und Könige darstellend. Vier Kapellen weiter schmückt in der **Villinger- oder Böcklinkapelle** das spätromanische Böcklinkreuz (Anfang 13. Jh.) von höchstem künstlerischen Rang den Altar.

Ein zentrales Werk der Domkirche ist das Hochaltargemälde von Hans Baldung Grien (1512–16). Hell strahlend, sehr fein gearbeitet zeigt das Hauptbild die Krönung Mariens, der die Kirche geweiht ist.

Die bedeutsamste Ausstattung des gotischen **Langhauses** sind die häufig noch original mittelalterlichen Glasmalereien. Das vierte Fenster im südlichen Seitenschiff (von Osten gezählt), das Tulenhauptfenster über dem Lammportal (1320/30), zeigt u. a. die Nikolauslegende und Bergleute der Grube Dieselmuot. Das sechste Fenster, das Tucherfenster von 1280, enthält neben anderen Motiven Bilder von der Kreuzigung Jesu, der Ecclesia und der Synagoge. Meist aus dem 14.Jh. stammen auch die Fen-

ster der Zünfte im nördlichen Seitenschiff, zum Beispiel das der Müllerzunft, das Küferfenster, das Bäckerfenster, das Schmiedefenster oder das Schneiderfenster (Muttergottes, hl. Katharina und Wappen der Schneider, um 1280).

Im **westlichen Hauptportal** begegnet man am Mittelpfeiler der inneren Portalwand einer Muttergottesfigur, die ihr Kind auf dem Arm trägt. Es handelt sich um eine der schönsten Steinfiguren des Oberrheingebiets (1290). Durch den Westausgang betritt man die **Vorhalle** im Turmuntergeschoß, die eine Vielzahl von einzigartigen Bildwerken verschiedenster Thematik ausschmückt. Im wesentlichen stammen die Arbeiten – meist Heiligendarstellungen – aus dem 13.–14. Jh. Dieser Skulpturenzyklus mag als Weiterführung der Straßburger Plastiken gesehen werden. Vor dem Münsterportal haben die vorderösterreichischen Stände 1719 drei **Säulen** mit Heiligenstatuen aufstellen lassen.

Nach Besichtigung der Kathedrale betrachten wir den **Münsterplatz** (Mo–Sa Markt bis 12 Uhr). An seiner Südseite fällt neben dem **Erzbischöflichen Palais** (1756) das rote **Historische Kaufhaus** mit seiner gotischen Laube besonders auf. Es wurde 1532 vollendet und dient heute städtischen Veranstaltungen. Zwei Häuser weiter östlich steht das **Haus zum Schönen Eck,** von Johann Christian Wentzinger 1761–1765 errichtet und heute als Stadtmuseum dienend. Die Ostseite des Münsterplatzes wirkt angenehm kleinstädtisch, mit seinen niedrigeren Häusern, dem dahinter aufragenden Kirchturm und dem schließlich ansteigenden, bewaldeten Schloßberg. Rechts neben dem Gebäude mit der Laube (ehem. Hauptwache, »Haus der badischen Weine») entdeckt man im Giebel eine spätgotische Rosette mit Fischblasenmaßwerk.

Über die westlich abzweigende Marktgasse gelangen wir zur belebten Kaiser-Joseph-Straße. Gleich an der Ecke rechts befindet sich der Gebäudekomplex des **Basler Hofs**, in welchem das Basler Domkapitel während der Reformation ein Exil fand. Deshalb wurde unter anderem das Bild des Basler Stadtheiligen Kaiser Heinrich II. an der Fassade angebracht. Wir überqueren die Kaiser-Joseph-Straße und schwenken in die Franziskanerstraße, die auf der linken Seite vom ehemaligen Franziskanerkloster und der **Martinskirche** (1292, nach 1945 erneuert) begrenzt wird. Im **Haus zum Walfisch** (1516) auf der rechten Seite wohnte 1529–1531 Erasmus von Rotterdam.

Am Rathausplatz stoßen wir auf das **Alte** (ca.1556–1600) und **Neue Rathaus**. Der Eckteil des Neue Rathauses wurde 1539–1545 erbaut und diente – mit dem Nebenge-

Haus zum Walfisch

Das moderne Konzerthaus

bäude – seit 1578 der Universität. Um 1900 erfolgte ein Umbau zum Rathaus. Die Ostseite des Platzes mit seinen Straßencafés und einem Brunnen (1853) zum Gedenken des Mönchs Berthold, Erfinder des Schießpulvers (1. Hälfte 14. Jh.), wird vom Ostflügel des **gotischen Kreuzgangs** (1292) eines ehemaligen Franziskanerklosters geziert.

Zwischen den Rathäusern geht es nun in die stillere Turmstraße, an der rechter Hand die alte **Gerichtslaube** steht. Dieses älteste Gemeindehaus wurde 1280 erbaut, 1551/52 umgebaut und – nach starken Zerstörungen 1944 – in den 70er Jahren rekonstruiert.

Wo die Turmstraße auf den Rotteckring stößt, ist gleich links die **Touristeninformation** zu finden. Im Park auf der anderen Straßenseite hat im **Colombischlößle** (1859–1861) heute das **Museum für Ur- und Frühgeschichte** seinen Sitz. Weiter ins westliche Gebiet spazierend, erreicht man Hauptpost, Bahnhof und Jazzhaus.

Auf der Bertoldstraße Richtung Altstadt trifft man zunächst auf das 1996 errichtete **Konzerthaus** und überquert beim städtischen Theater den Rotteckring, um zum **Universitätsviertel** zu gelangen. Gerahmt von Kollegiengebäuden erhebt sich rechts an der Niemenstraße der **Peterhof,** ein ehemaliger Klosterhof der Benediktiner aus St. Peter im Schwarzwald. Das Gebäude mit Kapelle geht auf das Jahr 1492 zurück. An der Ecke zur Universitätsstraße betrachten wir die barocke Fassade der katholischen **Universitätskirche,** die mit dem angrenzenden Gebäude der **Alten Universität** 1683–1728 als Jesuitenkirche mit -kolleg erbaut wurde.

Über die Fortsetzung der Universitätsstraße und die Niemenstraße erreichen wir am **Martinstor** (1201/02 begonnen, 1901–1903 erhöht) wieder die Kaiser-Joseph-Straße. Von hier aus biegen wir südlich in die Fischerau bzw. die gegenüberliegende Gerberau ein, um den Anblick des alten **Gewerbekanals** (für Mühlen und Wasser für Gerber usw.) zu genießen.

An der Gerberau öffnet sich der Augustinerplatz, an den nordöstlich das **Augustinermuseum** (in einem ehem. Kloster) angrenzt. Es zeigt insbesondere sakrale Kunst, u. a. Werke von Hans Baldung Grien und Matthias Grünewald. Südlich des Platzes beherbergt das **Adelhausermuseum** sehenswerte Abteilungen der Natur- und Völkerkunde, und das benachbrte **Museum für Neue Kunst** gewährt Einblicke in die Kunst des 20.Jh.

In der Fortsetzung des Gewerbekanals gelangt man auf die idyllische **Insel,** die wir am Ende nach links, zum **Schwabentor** (um 1250–1270 begonnen) hin, verlassen. Von hier aus kann man in die Straße Oberlinden und ihre Fortsetzung, die Salzstraße, schlendern oder in die Herrenstraße bzw. die Konviktstraße – alle bieten reichlich Möglichkeiten für Entdeckungen: mittelalterliche und barocke Hausfassaden (häufig beschriftet), alte und moderne Geschäfte, Straßencafés und Gasthäuser.

Im nördlichen Stadtteil Zähringen biegt man nach Osten zum beschilderten »Burggasthof zur Zähringerburgruine« ab. Von dort sind es zu Fuß etwa zehn Minuten zur **Ruine Zähringen** (11. Jh.), von der im Sommer nur ein großer, zinnenbekrönter Turm aus dem Laubwald herausragt. Er stammt aus dem 13. Jh., die Burg aber verfiel, da die Zähringer in dieser Zeit ausstarben. Im östlichen Stadtteil **Ebnet,** direkt an der B 31, liegt das elegante **Rokokoschlößchen** der Freiherrn von Sickingen (1748–1751).

Der Freiburger ›Hausberg‹ ist der südlich gelegene **Schauinsland** (1284 m). Vom Aussichtsturm auf dem Gipfel hat man einen erhebenden Ausblick auf die Breisgau-Hauptstadt, den nahen **Feldberg** (Wanderung 13 km, blau-weiß markiert) und sogar auf die Schweizer Alpen. Westlich oberhalb der Talstation der Seilbahn (erste Rundlaufbahn der Welt) steht in Horben-Langackern das Hotel Engel. Hier verbrachte die berühmte russische Lyrikerin Marina Zwetajewa (1892–1941) zwischen 1904 und 1905 nach eigener Aussage mit die glücklichste Zeit ihres Lebens.

Ausflugstip: Von Weinbergen und Vulkanen – der Kaiserstuhl

Zwischen dem Schwarzwald bei Freiburg und dem Rheintal erhebt sich noch einmal ein Berg, oder besser gesagt: ein eigenes Gebirge – der Kaiserstuhl (bis 557 m). Der Frühling ist hier mit der Obstbaumblüte bisweilen mehrere Wochen früher dran als im Höllental oder auf dem Schauinsland (1284 m) südlich von Freiburg. Und die Weinberge! Unendlich dehnen sich die Terrassen bis ins Tal hinunter, durchzogen von heckengesäumten Hohlwegen, bekrönt von buschigen Laubwäldern. Mitten im Berg, bei Oberbergen, heißt ein Flurname andererseits »Mondhalde«, so bizarr wirkt dort die ursprüngliche Vulkanlandschaft.

Die günstigste Überwanderung beginnt man in **Endingen** im Norden (Bahnanschluß), wo man am idyllischen Marktplatz das Kornhaus (1617; Staffelgiebel) und das Neue Rathaus (18. Jh., mit Balkon) besichtigen kann. Im Alten Rathaus (1527) befindet sich ein Heimatmuseum, die Pfarrkirche St. Peter (1772–75) prunkt in hellem ›Rokoko-Klassizismus‹, d. h. die strengen klassizistischen Formen werden von zarten Ornamenten gemildert. Der Hochaltar (1525) der romanischen Michaels-Kirche in **Niederrottweil** zeigt eine fast manieristisch

geschnitzte Marienkrönung desselben Meisters wie in Breisach. Sehr verträumt wirkt das Stadtbild von **Burkheim** am Rhein, wohingegen in **Breisach** das Münster St. Stephan majestätisch über der weiten Umgebung thront. Die hiesige Marienkrönung am Hochaltar (1525) versinkt fast im Zierat. Die nach dem Zweiten Weltkrieg wieder aufgebaute Kirche zeigt noch viele romanische (1200) und gotische (14.–16. Jh.) Bauteile. In **Merdingens** Pfarrkirche St. Remigius flankieren Feuchtmayersche Stuckfiguren den Hochaltar (alles 1. Hälfte des 18. Jh.).

Stadtbesichtigung: 2–3 Tage.

Öffentliche Verkehrsmittel: Die Freiburger Verkehrs AG (VAG) unterhält drei Straßenbahnlinien (1, 4, 5) und die Omnibuslinien 10 bis 36. Die Schauinslandbahn (Seilbahn) auf den Freiburger ›Hausberg‹ fährt tgl. von Okt.–April 9.30–17 Uhr, Mai–Sept. 9–18 Uhr. Inspektionspausen: 15.–26. 4. und 11. 11.–20. 12., ✆ 07 61/45 11-500, 29 29 30. Wetterauskunft: ✆ 07 61/197 03. Die Talstation ist über die Straßenbahnlinie 4 (Günterstal)/Buslinie 21 erreichbar.

Vom Stadtgarten aus startet eine Seilbahn auf den 80 m höheren Schloßberg, ✆ 07 61/398 55.

Busanfahrt: Östlich des Stadtgartens, an der Bernhardstraße, befindet sich ein Parkplatz, wo Busse unbegrenzt abgestellt werden dürfen.

Auto: Am Schloßberg, südlich, liegt die absolut zentrale Schloßberggarage für Pkw, Einfahrt 7.30–1 Uhr, Ausfahrt ist jederzeit möglich. ADAC-Pannenhilfe rund um die Uhr: ✆ 01 80/222 22 22.

Fahrrad: Freiburg ist über ausgeschilderte Radwege zu erreichen: Breisgau-Weg, Oberrhein/Kaiserstuhl-Radweg, Ortenau-Weg, Dreisamtal-Weg (am Fluß entlang vom Schwarzwald direkt ins Zentrum). »Radfahren entlang der Tick-Tack-Route«: von Villingen bzw. Donaueschingen nach Freiburg, Angebote mit Übernachtungen bei: Arbeitsgemeinschaft Tick-Tack-Route, Verkehrsamt im Bahnhof Schwenningen, 78054 Villingen-Schwenningen, ✆ 077 20/82 12 08, Fax 82 12 07.

Unterkunft (Auswahl): Gasthaus zum Roten Bären, Oberlinden 12, ✆ 07 61/38 78 70, Fax 387 87 17: Das Haus soll seit 1120 bestehen, mit Mauerresten aus dem Hochmittelalter; zentral an einem Brunnen gelegen, mit Garten und Festsaal. Hotel-Restaurant Löwen, Herrenstraße 47, ✆ 07 61/331 61: zentrales altes, gemütliches Haus mit günstigen Preisen; an einer Gasse südlich des Münsters gelegen; Prominente steigen hier gern ab. Hotel-Restaurant Markgräfler Hof, Gerberau 22, ✆ 07 61/202 06 16, Fax 202 06 26: Bar, Weinstube, Vinothek; die Rückseite des Hauses blickt auf die ›venezianische‹ Fischerau hinaus. Hotel-Restaurant Schwarzwälder Hof, Badische Winzerstube, Herrenstr. 43, ✆ 07 61/380 30, Fax 380 31 35: bürgerlich-gepflegtes, gemütliches und günstiges Haus von 1567, seit 1806 Gastwirtschaft. Hotel-Restaurant Zum Engel, Langackern 14, Horben, ✆ 07 61/429 29 90, Fax 29 06 27: südlich au-

Schriftstellerin Marina Zwetajewa (1904/05). Hotel-Weinstuben Oberkirch, Münsterplatz 22, ✆ 07 61/ 310 11, Fax 310 31: traditionsreiches Haus direkt am Münster, mit gemütlicher, holzgetäfelter Restaurant-Weinstube und Außentischen bei schönem Wetter. Hotel-Weinstube Zur Sichelschmiede, Insel 1, ✆ Hotel 07 61/ 350 96, Lokal 350 37, Fax 312 50: von Wasser umspült, zentral und sehr originell-verschachtelt in einem lauschigen Altstadtviertel gelegen.

Essen und Trinken (Auswahl): Alle angegebenen Unterkünfte haben ein gutes Restaurant mit lokal orientierten Speisen. Außerdem:
Colombi-Hotel-Restaurant, Rotteckring 16, ✆ 07 61/210 60, Fax 314 10: Man serviert hier kunstvoll zubereitete Speisen.

Öffnungszeiten: Adelhausermuseum, Gerberau 32, ✆ 07 61/ 201-25 61 od. 62, Fax 201-25 63 (Abt. Naturkunde), ✆ 07 61/201-25 41 od. 0, Fax 201-25 63 (Abt. Völkerkunde): Di–So 10–17 Uhr; Schwerpunkte der Abt. Naturkunde sind Ornithologie, Geologie, Mineralogie, insbesondere der Region Schwarzwald und Oberrhein; bei der Völkerunde sind es ostasiatische, ägyptische und amerikanische Präsentationen. Augustinermuseum, Am Augustinerplatz, ✆ 07 61/201 25 31: Di–So 10–17 Uhr; vor allem mittelalterliche Kunstschätze und Gemälde, u. a. von Hans Baldung Grien, Matthias Grünewald und Lukas Cranach; außerdem Skulpturen, Glasmalerei und Kunsthandwerk. Museum für Neue Kunst, Marienstr. 10a, ✆ 07 61/201 25 81, Fax 201 25 89: Di–So 10–17 Uhr; Werke des 20. Jh., mit Café. Museum für Ur- und Frühgeschichte, Colombischlößle, Rotteckring 5, ✆ 07 61/201 25 71: Di–So 10–17 Uhr; Funde aus der Steinzeit, von Kelten, Römern und Alemannen (Gold- und Silberschmuck). Wentzingerhaus, Münsterplatz 30, ✆ 07 61/201 25 15: Di–So 10–17 Uhr; Museum für Stadtgeschichte; Eintritt gilt auch für das Augustinermuseum.

Kulturelle Veranstaltungen: Bürgerhaus Zähringen, Zähringer Str., ✆ 07 61/348 74. Galli-Theater, Haslacher Str. 15, ✆ 07 61/44 18 17: Kleinkunst. Jazzhaus Freiburg, Schnewlinstr. 1, ✆ 07 61/349 73: Umfangreiches Programm mit internationalen Jazz-, Rock-, Blues- und anderen Popgruppen (in weiten Kellergewölben), das in Deutschland seinesgleichen sucht (s. S. 160). Konzerthaus, Konrad-Adenauer-Platz 1, ✆ 07 61/38 81-552, Karten eine Stunde vor Beginn an der Abendkasse oder bei: Freiburger Theater, Bertoldstr. 46, ✆ 07 61/348 74; hier werden Konzerte, Tagungen und Kongresse ausgerichtet. Stadttheater, Bertoldstr. 46, ✆ 07 61/348 74. Wallgrabentheater, Rathausgasse 5a, ✆ 07 61/256 56.
Weitere Theater und ihre Programme im Veranstaltungskalender »Freiburg aktuell«, Promo Verlag, Humboldtstr. 2, 79098 Freiburg, ✆ 07 61/387 74-0. Dort auch Hinweise zum Kinder- und Jugendtheater, zur Puppenbühne, freien Künstlergruppe, zum Pantomime-Studio usw.

Führungen: Stadt- und Münsterführungen, kunsthistorische Führungen, Kulturfahrten: Freiburg Kultour, ✆ 07 61/290 74 47, Fax 290 74 49 (Adresse s. Information).

Information: Freiburg-Information, Rotteckring 14, 79098 Freiburg, ✆ 07 61/388 18 80, Fax 370 03.

Der Süd-schwarz-wald

Route 7:
Von Waldkirch nach Kenzingen

Route 8:
Vom Höllental zur Donauquelle

Route 9:
Von Stühlingen nach Sulzburg

Route 10:
Schlösser, Bäder und Burgen am Rhein

Im Münstertal

Route 7: Von Waldkirch nach Kenzingen

Lebendige kleine Weinorte als Auftakt für Reisen auf die Höhen des Schwarzwalds mit ihren Klöstern. An den Hängen breiten sich berühmte Weinlagen aus, ins Gebirge hinein führt unter anderem das vielbesuchte Glottertal.

Waldkirch

Der Name sagt es bereits: Waldkirch (knapp 20 000 Einw.) liegt zwischen mächtigen Hochwaldbergen, ohne seine liebliche Ausstrahlung zu verlieren; denn wenn man in südlicher oder nördlicher Richtung der Elz folgt, weitet sich das Tal, und Seitenbäche fließen hinein. Südlich des Ortes ragt der Kandel auf, mit seinen 1242 m einer der eindrucksvollsten Schwarzwaldberge, der von Waldkirch aus mit dem Pkw befahren werden kann.

In den Ort Waldkirch selbst tritt der bewaldete **Kastellberg** mit der Ruine **Kastelburg** herein. Die Burg war im 13. Jh. durch die Herren von Schwarzenberg erbaut worden. Die früher von hier beherrschte Stadt wird von einer langen Straße durchzogen, an der sich viele historische Häuser aufreihen. Der lange, geschäftig-belebte **Marktplatz** mit Brunnen lädt zum Bummeln ein, die barocke, ehemalige **Stiftskirche St. Margaretha** birgt einen hellen, saalartig angelegten Innenraum aus dem 18. Jh.

Von Waldkirch aus kann man sehr gut die »Schwarzwald-Panoramastraße« befahren, die wirklich eine Vielzahl herrlicher Ausblicke gewährt. Um an Höhe zu gewinnen, fährt man von Waldkirch aus auf den **Kandel,** wobei die Straße sich ca. 12 km durch prächtigen Nadel-Hochwald in gut ausgebauten Serpentinen hinaufwindet. Auf dem Gipfel lichtet sich der Wald, und ein Berggasthof taucht auf. Der Blick, vor allem nach Westen bis zu den Vogesen, übertrifft sogar, was die Ansichtskarten versprechen. Man möchte es den Drachenfliegern gleichtun, die sich vor dem Gasthof von einer Rampe aus in die Tiefe stürzen und gleich darauf über den Schluchten segelnd wieder auftauchen.

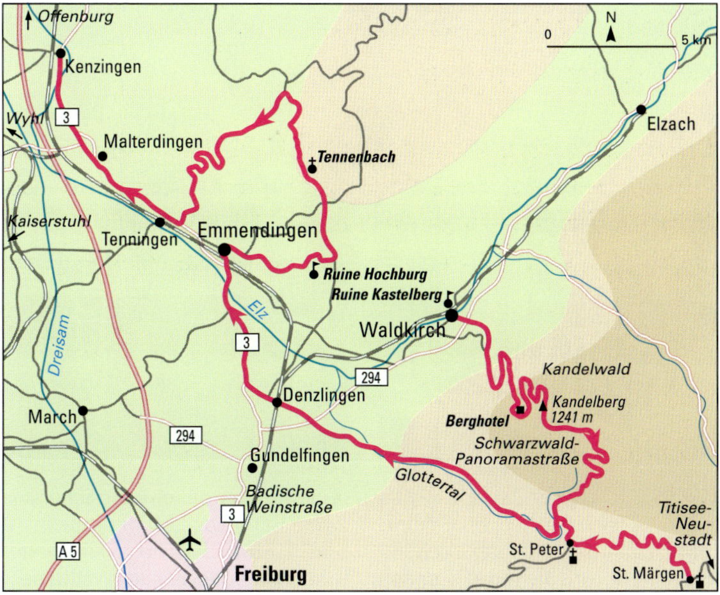

Route 7

St. Peter

Nach 15 km tauchen die Kirche, das Kloster und die Ortschaft von St. Peter auf. Die sanften Hügel, die weiten Wiesen und die wenigen Häuser (ca. 2300 Einw.), die das ehemalige **Benediktinerkloster** umgeben, lassen ganz vergessen, daß man sich auf über 700 m Höhe im tiefsten Schwarzwald befindet. Die rot-barocken Kirchtürme, eine gleichartige Fassade flankierend, ragen weit über diesen typisch süddeutschen Klosterort hinaus. 1093 wurde eine Stiftung von 1073 auf diesen Ort ›übertragen‹, wo das Haus- und Grabkloster der Zähringer entstehen sollte. Obwohl das Geschlecht ausstarb, nahm man zu Beginn des 18. Jh. einen völligen Neubau der **Klosterkirche** unter Leitung des Architekten Peter Thumb in Angriff. Um 1750 entstanden auch die anderen Klostergebäude, vor allem die wertvolle **Bibliothek.** 1806 wurde das Kloster aufgehoben und ab 1842 als Priesterseminar der Erzdiözese Freiburg genutzt.

Bei der künstlerischen Ausstattung sind die Figuren Joseph Feuchtmayers aus der Schule von Wessobrunn bemerkenswert: Im

Giebelgeschoß der Fassade stehen z. B. die Heiligen Benedikt, Petrus und Ursula. Besonders hübsch anzusehen ist, wie die musizierenden Putten am Orgelprospekt (1730 von Matthias Faller) balancieren.

St. Märgen

Auch im ehemaligen Barockkloster St. Märgen, 7 km von St. Peter entfernt, ist alles etwas einfacher, kleinräumiger und abgelegener. 1118 wurde das Augustinerchorherrenstift von einem Straßburger Domprobst in Konkurrenz zum Zähringer-Kloster St. Peter gegründet. Nach manch harten Zeiten zogen es die Mönche 1462 vor, nach Freiburg überzusiedeln. Im 18. Jh. kamen sie zurück und errichteten eine **Kirche,** die eine Besichtigung wert ist. In der **Marienkapelle** ist das Gnadenbild der Muttergottes (um 1100) das Ziel der Wallfahrer. Von hier aus geht's hinein ins **Glottertal.** Die Bächlein murmeln, und die »Schwarzwaldklinik« (s. S. 150) ersteht vor dem inneren Auge. Das Glottertal ist ein liebliches, typisches Schwarzwaldtal mit steilen Waldhängen und Weingärten.

Nach 15 km erreicht man Denzlingen am Eingang zum Glottertal. Ca. 7 km nördlich, über die B 3, kommt man nach Emmendingen.

Emmendingen

Der Ort ist ein kleines Zentrum (ca. 25 000 Einw.) nördlich von Freiburg mit einem einladenden Alt-

Stiftsbibliothek in St. Peter

stadtbereich. Schon das **Stadttor** (ab 1590 bis 20. Jh.), das auf die Fußgängerzone führt, ist eine freundliche Einladung. Im lebendigen Zentrum mit modernen und historischen, teils sehr geschmackvoll renovierten Häusern, steht das **alte Rathaus** am Marktplatz von 1729. In der Lammstraße und im Westend laden Straßencafés, Gasthäuser und moderne Geschäfte in alten Häusern zum Verweilen ein. An der Landvogtei schließlich wurde eine gekonnt gestaltete Anlage in Gegenwartsarchitektur gestaltet: Mit viel Glas hat man hier dem **neuen Rathaus** neue Räume in alter Umgebung erschlossen.

Nördlich des neuen Rathauses erhebt sich das **Schlosserhaus,** in dem heute die Stadtbibliothek untergebracht ist. Eine Tafel kündet außerdem von den Besuchen Goethes (1749–1732), da seine Schwester Cornelia (1750–1777) in diesem Hause als Ehefrau eines Johann Georg Schlosser, markgräflicher Oberamtmann, bis zu ihrem frühen Tode lebte. Auch der Dichter Jakob Michael Reinhold Lenz, Goethes Zeitgenosse – vor allem in dessen Sturm-und-Drang-Zeit – soll um 1778 im **Lenzhäuschen** in der Anlage vor dem Markgrafenschloß (16. Jh., bei der evangelischen Kirche) gewohnt haben. Eine Gedenktafel am Schloß zeugt von der Synagoge, die in der Nacht zum 10. November 1938 von Emmendinger Bürgern niedergerissen wurde; die jüdische Gemeinde wurde ausgelöscht.

Zur nächsten kulturlandschaftlichen Sehenswürdigkeit geht es bergauf: über den Vorort Windenreute nach **Hochburg,** zur gleichnamigen Ruine. Die ehemals markgräflich-badische Landesfestung ist durch einen kurzen Spaziergang vom Parkplatz bei der Landwirtschaftsschule in einer Viertelstunde erreichbar. Auf das 12. Jh. geht diese riesige Ruinenanlage zurück, 1689 wurde sie von den Franzosen geschleift. Wald, Weinberge und Obstbaumwiesen umsäumen die Mauern, von denen man über alle Wipfel weit ins Land blickt.

Wenn man von der Hochburg auf der anderen Seite ins Tal hinabfährt und nach links abbiegt, ent-

Professor Brinkmann und der Forellenhof

Der Schwarzwald als Film- und Fernsehkulisse

Der Schwarzwald ist fotogen, das heißt, laut Duden, zum Fotografieren und Filmen geeignet. Womit wir beim Thema wären. Denn dies zu entdecken, blieb nicht nur Hobbyfotografen oder Ansichtskartenproduzenten überlassen, sondern wurde auch von den Produzenten bewegter Bilder in die Tat umgesetzt. Und wer kennt sie nicht, zumindest dem Namen nach, die Kinofilme und Fernsehserien, denen der Schwarzwald als Kulisse diente? Freilich nicht so ganz umsonst, denn mit der Popularität steigen die Besucherzahlen.

Längst kommt kaum ein Reisebuch über den Schwarzwald mehr ohne den Hinweis auf Professor Brinkmann, seine Klinik und das Glottertal aus. Und wer möchte in Wirklichkeit schon wissen, daß der

Im Glottertal: Kulisse für die »Schwarzwaldklinik«

Operationssaal oder die Klinikbetten im Studio Hamburg aufgebaut wurden und das reale Klinikgebäude nur bei Außenaufnahmen Verwendung fand? Denn diese ›echte‹ Klinik im Glottertal hat einen ganz normalen Krankenhausbetrieb und ist weder auf Fernsehteams noch auf Besucherscharen eingestellt. Jede Wiederholung der Serie beschert einen neuen Boom. Die Informationen des ZDF, daß es 72 Folgen gibt, die an 751 Drehtagen mit 684 Schauspielern sowie 8761 Komparsen erstellt wurden und auf 5003 Drehbuchseiten geschrieben stehen, wirken vor Ort für die Fans der Serie wenig tröstlich.

Aber zum Glück existiert ein Heimatmuseum, nämlich das »Hüsli« bei Grafenhausen. Das liegt zwar nicht im Glottertal, sondern rund 60 km südöstlich davon, doch es war in der Fernsehserie das Wohnhaus des Professors. Eine Lörracher Fabrikantentochter ließ sich im Jahre 1912 das »Hüsli« bauen und stattete es mit einer bäuerlichen Einrichtung aus, die sie in Bauernhäuser des Schwarzwaldes entdeckt und erworben hatte. 1958 wurde das »Hüsli« dann ein Heimatmuseum, das seit der Ausstrahlung der »Schwarzwaldklinik« natürlich viele Besucher anlockt.

Sei's drum. So richtig hat die Filmindustrie die Waldwelt des Schwarzwalds ja schon in den 50er Jahren entdeckt und rechtschaffen als heile Welt in die Kinos geliefert. Das »Schwarzwaldmädel« trat ins Scheinwerferlicht, und Sonja Ziemann eroberte die Herzen der Zuschauer. Und weil dieser Film ein ausgesprochener Erfolg war, zog er eine ganze Palette ähnlicher Filme nach sich.

Doch kaum ging's mit dem Heimatfilm bergab, kamen das Fernsehen und die Forellen, genauer: »Der Forellenhof«. Acht Folgen lang Geschichten um ein Waldhotel im Schwarzwald nebst Forellenzucht, mit Hans Söhnker als Oberhaupt und Chef. Eine Serie des Südwestfunks, noch herrlich schwarzweiß und trotzdem nicht farblos. Und irgendwie hat es schon was Beruhigendes an sich, daß jenes Hotel aus der Serie tatsächlich noch existiert, nämlich in Gaisbach, einem Stadtteil von Baden-Baden.

Wer nun freilich glaubt, nach der in den 80er Jahren entstandenen »Schwarzwaldklinik« sei nichts mehr gekommen, der irrt. Denn mit den »Fallers« – produziert vom SWF/SWR – hat sich seit 1994 längst die realistischste Fernsehserie aus dem Schwarzwald als Dauerbrenner etabliert. Natürlich werden die Geschichten um diese bäuerliche Familie meist im Studio gedreht. Aber auch hier erscheinen Außenschauplätze, und die befinden sich in Furtwangen und Umgebung.

Einzig verbliebenerer Rest des Klosters Tennenbach – die Kapelle

deckt man im anmutigen Wiesental, umsäumt von dunklen Tannen, eine frühgotische **Kapelle** als einzig verbliebenen Rest des **Klosters Tennenbach.** Es wurde 1161 von Bertold von Zähringen gegründet, 1806 aufgehoben und 1829 abgebrochen. Nun begibt man sich wieder ins Rheintal, vorbei an der malerisch am Hang gelegenen **Ruine Landeck.** An der B 3 biegt man nach rechts, also nördlich, ab und gelangt nach ca. 4 km in die sehenswerte Altstadt von Kenzingen.

Kenzingen

Bereits zu Ostern wiegt sich die ganze Ebene in der Obstbaumblüte, im Sommer kann man sich schnell in die östlich ansteigenden kühleren Bergwaldtäler zurückziehen. Dorothea Schlegel schrieb im April 1818 von einer »lachenden Landschaft«. Daß dies auch für den im 13. Jh. gegründeten Weinort (über 7000 Einw.) zutrifft, merkt man in der freundlichen Hauptstraße – eine typische Mittelachse nach dem Muster der Stadtgründungen der Zähringer. Wenn man neben dem **roten Rathaus** (16. Jh.; Touristen-Information) in eine Seitengasse einbiegt, ist es mit einem Mal still. In einer gepflegten Anlage (lange Zeit Friedhof) steht die **Stadtpfarrkirche St. Laurentius** (13. Jh.). Der Innenraum ist von der Barockisierung (1730) geprägt, auf der rechten Seite blieb jedoch eine **gotische Kapelle** erhalten, die eine gewisse Würde ausstrahlt.

Route: ca. 64 km; 2–3 Tage. Zum Teil schöne Hochstraßen, zum Teil bergaufwärts durch den Wald, mit Haarnadelkurven.

Unterkunft im Glottertal: Zum Adler, Talstr. 11, ✆ 076 84/10 81, Fax 10 83. Tischreservierung. Gasthof zum Goldenen Engel, bei der Kirche,

✆ 076 84/250, Fax 267: traditionsreiches, renoviertes Haus mit preiswerten Angeboten.
... in St. Peter: Berggasthof Kandel, auf dem Kandel (1242 m), ✆ 076 81/402 40, Fax 402 42 00. Hotel-Gasthof Jägerhaus, ✆ 076 60/343, Fax 821: villenartiger Bau, in schöner Lage am Wald, preiswert, mit Sonderangeboten u. gutem Essen.

Essen und Trinken in Kenzingen: Hotel-Gaststätte Beller, Hauptstr. 41, ✆ 076 44/526, Fax 45 39: schmackhafte u. fein zubereitete Speisen, frische badische Küche; eigene Schlachtung.
... in St. Märgen: Felsenstüble, Glashütte 16 u. 17, ✆ 076 69/707: urige Lage mit Kapelle beim »Hexenloch«, Schwarzwälder Vesper, Kaffee u. Kuchen.

Öffnungszeiten in Emmendingen: Jüdisches Museum in der Mikwe: Mi u. So 14–17 Uhr.
... in Kenzingen: Oberrheinische Narrenschau, Alte Schulstr. 20, ✆ 076 44/90 01 13 u. 166, Fax 90 01 60: Jan.–April So u. Feiertage 14–17 Uhr, Mai–Okt. So u. Feiertage, Di, Do, Sa 14–17 Uhr, Nov. Sa 14–17 Uhr; Masken, Fotos, Urkunden, Brauchtum vieler Narrengruppen.
... in St. Märgen: Heimatmuseum, Rathausplatz 1: auf jeden Fall Juni–Sept. Fr bis ca. 16.30 Uhr. Weitere Anfragen bei der Kurverwaltung, s. Information.
... in Waldkirch: Elztalmuseum Waldkirch, Kirchplatz 14, ✆ 076 81/404-104, Fax 255 62: Di–Sa 15–17, So 11–16 Uhr (Sommer); Mi, Fr 15–17, So 11–16 Uhr (Winter); Sammlung mechanischer Orgeln und volkskundliche Abteilung mit Trachten aus dem Elztal.

Kulturelle Veranstaltungen im Glottertal: Kurkonzerte, Theater- u. Unterhaltungsabende: s. Information.
... in St. Märgen: Besinnung u. Meditation, s. Information und Pfarramt, Pauliner Orden, Pater Roman Brud, Klosterhof 2, ✆ 076 69/910 30. Weinfeste, Weinkollegs, Weinproben: Informationen in der Weinwerbezentrale badischer Winzergenossenschaften eG, Keßlerstr. 5, 76185 Karlsruhe, ✆ 07 21/55 70 28, Fax 55 70 20, oder bei den Verkehrsämtern bzw. Kurverwaltungen.

Führungen im Glottertal: Weinkellerführungen mit Weinprobe, Winzergenossenschaft, ✆ 076 84/910 91. Kutschfahrten, nach Terminabsprache, s. Information.
... in St. Peter: Führung durch Kirche, Bibliothek u. Festsaal, So u. Feiertag 11.30, Di 11 Uhr, Do 14.30 Uhr, jeweils eine Stunde. Gruppenanmeldung: ✆ 076 60/910 10. Geführte Wanderungen, Kutsch- u. Schlittenfahrten, s. Information.

Information in Emmendingen: Tourist-Information, im Rathaus, Landvogtei 10, 79312 Emmendingen, ✆ 076 41/45 23 26, Fax 45 23 06.
... im Glottertal: Tourist-Information, Rathausweg 12, 79286 Glottertal, ✆ 076 84/ 910 40, Fax 91 04 13, Fax 90 01 60.
... in Kenzingen: Stadt-Info, Hauptstr. 15, 79341 Kenzingen, ✆ 076 44/90 01 13, Fax 90 01 60.
... in St. Märgen: Tourist-Information, Rathausplatz 1, 79274 St. Märgen, ✆ 076 69/91 18 17 u.18, Fax 91 18 40.
... in St. Peter: Kurverwaltung, Klosterhof 11, 79271 St. Peter, ✆ 076 60/91 02 24, Fax 91 02 44.
... in Waldkirch: Touristinformation, Kirchplatz 2, 1 94 33 Waldkirch, ✆ 076 81/194 33, Fax 40 41 07 (auch zum Elztalmuseum Waldkirch).

Route 8: Vom Höllental zur Donauquelle

Die tiefen und ehemals gefährlichen Talschluchten sind inzwischen meist bequem ausgebaut, ökologisch wertvolle Bachtäler wurden um so mehr unter Naturschutz gestellt. Ganz im Zentrum liegt der Titisee mit seinen Hotelorten.

Höllental

Sobald man auf der B 31 den Freiburger Stadtteil Ebnet (siehe S.140) verlassen hat, breiten sich sanfte, von bewaldeten Bergen umstandene Wiesenflächen aus. Der moderne Ferienort **Kirchzarten** birgt die bereits 816 erwähnte Pfarrkirche St. Gallus, deren Langhausnordwand wie auch der Turm auf das 11./12. Jh. zurückgehen. Aber Kirchzarten ist nicht nur über St. Gallus (keltischer Missionar) mit den Kelten verbunden: Nördlich des Ortes, zwischen dem Wagensteig- und dem Rotbach, befand sich bis ins 1. Jh. n. Chr. das keltische Oppidum Tarodunum.

»Aber gleich hinter dem Himmelreich öffnet sich, gleich dem schwarzen Schlund der Hölle, ein dunkles, furchtbares Felsental« (Aloys Schreiber, 1838). Diesen Eindruck kann der heutige Autofahrer auf der B 31, wenn er, von Freiburg kommend, den Ort **Himmelreich** verlassen hat, überhaupt nicht mehr nachvollziehen. Das Tal wird zwar enger, Felsen werden sichtbar, die Straße steigt steiler an, der Höllenbach (Rotbach) tost; aber dunkel und furchtbar wirkt das schon lange nicht mehr.

Ein klein wenig kann das ›Höllengefühl‹ vielleicht noch von dem Wanderer nachvollzogen werden, der auf einem der Wege, die zum Teil parallel zur Straße durch die seitlichen Wälder und Berge führen, in Richtung Hinterzarten hinaufsteigt, auf der nördlichen Seite zwei Burgruinen passierend. Ein besonderes Erlebnis ist die Fahrt mit der **Höllentalbahn** (begonnen 1884), vor allem über ein Viadukt oder durch einen Tunnel.

Nach dem Ort Himmelreich wird das Tal also enger, und nach Falkensteig gewahrt man am **Hirschsprung** in 40 m Höhe ein Hirschdenkmal (erstmals 1856 erwähnt) auf einem Felsen. Durch einen mutigen Sprung soll hier ein gejagtes Wild mit prächtigem Geweih seinen Jägern entgangen sein.

Bei **Höllsteig** sollte man rasten, um die 1148 geweihte **St.-Oswald-Kapelle,** die ehemals älteste Pfarrkirche der Region, aufzusuchen. Der Triumphbogen und die Südwand des Langhauses stammen aus romanischer Zeit, der spätgotische Flügelaltar zeigt im Mittelteil den hl. Oswald. Auf der 1755–1780 ausgebauten Höllentalstraße reisten u. a. schon Marie Antoinette sowie Johann Wolfgang von Goethe und logierten im traditionsreichen, nahen **Hofgut Sternen.** Die romantisch-unheimliche Stimmung, die bei Höllsteig einmal geherrscht haben mag, findet man heute kaum noch. Mit der breit ausgebauten Straße, Großparkplätzen, Selbstbedienungsläden und Hotelbauten ist man dort vor allem den Ansprüchen der Busreisenden entgegengekommen. Immerhin führt in einer »Waldglashütte« ein richtiger Glasbläser manchmal seine Kunstfertigkeiten vor.

Der Wanderer oder Spaziergänger durchschreitet das nördlich gelegene Viadukt der Höllentalbahn und gelangt in die wirklich noch wildromantische **Ravennaschlucht** mit ihren Wasserfällen. Auch mit dem Auto kann man anschließend die windungsreiche Auffahrt nach **Hinterzarten** in Angriff nehmen, das als Wintersportort Bedeutung erlangt hat und vom Fremdenverkehr geprägt ist. Aber wiederum nur zu Fuß kann man das nördlich gelegene **Hinterzartener Hochmoor** aufsuchen (ausgeschildert).

Titisee

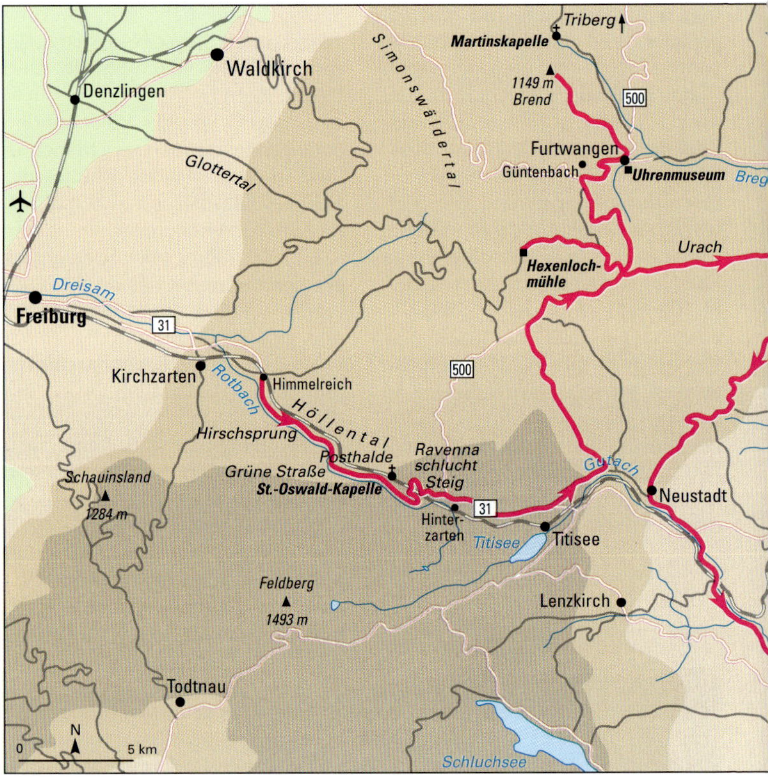

Titisee

Der heilklimatische Kurort Titisee (ca. 2200 Einw.) liegt sozusagen in die Landschaft integriert am Nordostende des gleichnamigen Sees: Um die Kirche und einige herausragende Hotelbauten liegt die Siedlung angenehm verstreut in der hügeligen Wald- und Wiesenlandschaft, im Gesamtbild dieser Gegend einen anmutigen Akzent setzend.

Der Ort ist weniger auf Sehenswürdigkeiten als auf aktiven Tourismus ausgerichtet: Der See verlockt zum Badeurlaub und zu vielfältigem Wassersport, eine Reihe weiterer Sporteinrichtungen dient der Erholung. Wie Hinterzarten oder Schluchsee steht Titisee auch als Ausgangspunkt für Wanderungen – zum Beispiel in die Wutach-

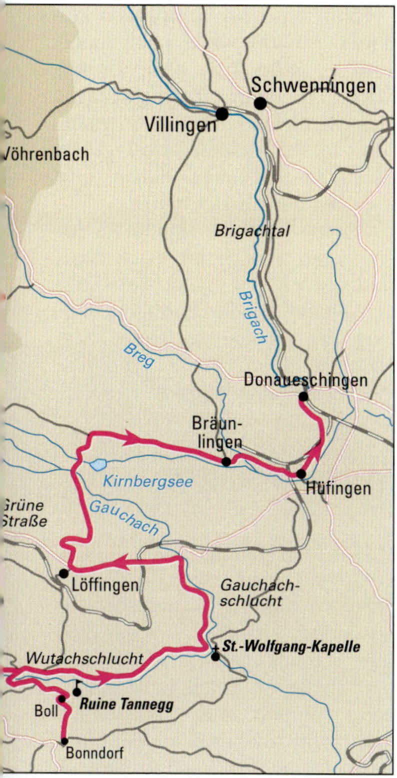

schlucht oder in Richtung Feldberg – für den Schwarzwaldurlaub schlechthin. Schon seit über hundert Jahren, spätestens seit dem Bau der Höllentalbahn, wurde der Ort für den Tourismus ausgebaut. Einige mondäne Hotels mit ihren Bars und Restaurants verleihen dem ganzen Ambiente noch zusätzlichen Unterhaltungswert.

Der gleichnamige **See** – der in weiten Teilen auf Hinterzartener

Route 8

Gemarkung verläuft – ist fast 2 km lang, an einer Stelle 750 m breit und erreicht bis zu 41 m Tiefe.

Eine Verwaltungseinheit bildet der Ort Titisee mit dem nahen **Neustadt** (ca. 9000 Einw.) – eigentlich ist sie die ältere Stadt: Im 13. Jh. durch die Fürstenberger gegründet, wurde sie später aber mehrfach in Schutt und Asche gelegt. Im 19. Jh. begann hier die traditionelle Uhrenindustrie eine bedeutende Rolle zu spielen. Trotz Kur- und Fremdenverkehrseinrichtungen sind einige Industriebetriebe noch vorherrschend.

Eine altertümlichere Art von ›Industrie‹, die aber den Tourismus fördert und die Landschaft verschönert, kann man bei einem Ausflug ca. 15 km nördllich in der **Hexenlochmühle,** in der früher Getreide gemahlen wurde, kennenlernen. An dieser typischen Schwarzwaldmühle drehen sich zwei Mühlräder vor schindelgedeckten Wänden mit alten Holzfenstern.

Von hier aus kommt man leicht weiter zur B 500 und nach ca. 3 km nach Furtwangen.

Am südlichen Orteingang von Furtwangen zweigt in westlicher Richtung (nach Gütenbach) das lohnenswerte **Simonswäldertal** ab. Das Tal wird von der Wildgutach durchflossen, die mehrere alte Mühlen, zum Teil aus dem 18. Jh., antreibt. Diese sind zu Fuß über den **Mühlenwanderweg** erreichbar. Auch der alte Weg der Uhrenträger (s. Abb. S. 10 und Thema S. 85) führte durch dieses Tal.

Noch vor Gütenbach, an der Straße nach Furtwangen, liegen der **Obere** und **Untere Gschwendhof,** zwei gut erhaltene, typische Schwarzwaldhöfe von 1613 (oberer) und 1650 (unterer, 1730 erweitert) in einer Ständer-Bohlen-Konstruktion.

Furtwangen

Dieses landschaftlich nicht aufsehenerregend gelegene Kleinstädtchen (ca. 10 000 Einw.) besucht man vor allem wegen des **Deutschen Uhrenmuseums,** das selbst für Kinder oder Jugendliche faszinierend ist und noch dem Fachmann interessante Einblicke bietet. Es handelt sich nämlich keineswegs um ein weiteres Schwarzwälder Heimatmuseum, sondern ein Museum mit dem Anspruch, einen Überblick über die Geschichte der Zeitmessung zu verschaffen, freilich mit einem Schwarzwälder Akzent.

Ein lohnendes Ausflugsziel ist von Furtwangen aus der Weg zum **Brend-**Gipfel (1149 m) mit Aussichtsturm, Gasthof und der nahegelegenen **Martinskapelle,** wo eigentlich die Donau entspringt, auch wenn die Donaueschinger dieses Privileg für sich beanspruchen (s. auch Donaueschingen, S. 160).

Fährt man von Furtwangen aus über die B 500 wieder nach Süden zurück, sollte man nach 10 km links, in Richtung **Urach** abbiegen. Das ca. 11 km lange, stark bewaldete Tal hat seinen abgelegenen Charakter mit alten Höfen und Kapellen bewahren können.

Durch ähnlich schöne Täler fährt man nun 14 km nach Neustadt zurück, um von dort aus südlich weiter an der Bahnlinie entlang der Gutach zu folgen, die nach ca. 4 km in die berühmte Wutachschlucht mündet.

Wutachschlucht

Dieses einzigartige Stück Kulturlandschaft, der Höhepunkt jeder Schwarzwaldreise, kann man nur erwandern. Manchmal ist der Pfad sehr schmal, geht über Brücken und an Felsen gelehnte Holzstützen, während unten Wasserfälle tosen oder umgestürzte Baumriesen das canyonartige Tal pittoresk versperren. Griffiges Schuhwerk sollte man schon tragen und einigermaßen trittsicher sein. Bei feuchtem Wetter ist das Wandern in der Schlucht nicht ungefährlich. Der in jeder Hinsicht empfehlenswerte Querwanderweg Freiburg – Bodensee (weiß-rote Markierung; hilfreich ist gutes Kartenmaterial, s. S. 195, 198) führt hier durch.

In der Folge von nacheiszeitlichen Umstrukturierungen haben sich die Wutach und der Nebenbach Gauchach in alle Ebenen der aufgerichteten Erdschichten eingeschnitten: Geologisch Interessierte können u. a. Granit, Sandstein, Muschelkalk und die Jura-Formationen studieren. Außergewöhnliche Pflanzen haben hier ebenso ihren Lebensraum wie seltene Tiere, insbesondere Vögel: Bussarde und Milane sind schon fast selbstverständlich, aber auch Falken und Eisvögel kann der geduldige Frühaufsteher beobachten oder belauschen, und die sonst raren Feuersalamander oder Schlangen machen das Bild vom ›Dschungel‹ perfekt.

Das besprochene Hauptstück ist über 20 km lang und dauert über sechs Stunden (zu Fuß). Der ganze Schluchtverlauf wird von verschiedenen Burgruinen oder in der Nähe gelegenen Orten begleitet. Ein besonders empfehlenswertes Gasthaus ist die **Schattenmühle** (mit Parkplatz); südlich schließt sich die **Lotenbachklamm** an. Vom verträumt an der Schlucht gelegene Dörfchen **Boll** aus hat man über den blau-weiß-blauen Wanderweg Anschluß an den Schluchtweg. Früher hieß der Ort Bad Boll, weil er im 19. Jh. ein richtiger Kurort mit einer Heilquelle war. Weiter südlich scheint das selten idyllische Städtchen **Bonndorf** dem 19. Jh. entsprungen, läßt dabei aber touristische oder sportliche Möglichkeiten nicht vermissen. Nach Titisee-Neustadt zurück fahren Busse der Südbadenbus GmbH. Haltestellen gibt es u. a. in Bonndorf, Boll oder an der Wutachmühle.

Ähnlich abenteuerlich, wenn auch nicht ganz so lang, ist die **Gauchachschlucht.** Sie zweigt vor der St.-Wolfgang-Kapelle bei der Wutachmühle nach Norden ab. Von der oben genannten Schattenmühle aus kommt man auf der Straße nach ca. 14 km (nördlich) nach **Löffingen** (ca. 6000 Einw.), wo die alten Häuser (mit Zinnengiebeln) am Marktplatz nach 1945 wieder zu einem malerischen Ensemble hergerichtet wurden. Der Ort besitzt auch ein recht stimmungsvolles Waldbad.

Knapp 6 km nördlich trifft man auf den kleinen **Kirnbergsee,** wo man baden und zelten kann. Weiter westlich kommt man nach 6 km in das Städtchen **Bräunlingen** (ca. 5000 Einw.), von den Zähringern gegründet und in der weiteren Ge-

die letztlich auf den Stadtbrand von 1908 zurückgeht.

Route: ca. 130 km; 3–4 Tage. Die Strecke durch das Höllental ist (nur allzu) gut ausgebaut, durch die Schluchten geht es nur zu Fuß.

Unterkunft (Auswahl) in Bonndorf: Schwarzwald-Hotel, Rothausstr. 7, ✆ 077 03/421 u. 422, Fax 442: ein würdiger Hotelpalast im historisierenden Stil; Hallenbad, Golf-Möglichkeit, Nähe zur Wutachschlucht (mit Verwöhn-Sonderangeboten).
... in Bräunlingen: Hotel-Restaurant Lindenhof, Zähringer Str. 24, ✆ 07 71/ 92 90 50, Fax 67 23: gutbürgerlich.
... in Furtwangen: Berggasthof-Hotel Zum Brendturm, Auf dem Brend 7, ✆ 077 23/91 22 20, Fax 49 05: auf dem Brend bei Furtwangen, 1150 m hoch, mit weitem Blick bei klarer Luft.
... in Hinterzarten: Hotel-Café-Restaurant Alemannenhof, Bruderhalde 21, ✆ 076 52/911 80, Fax 705: Haus im Schwarzwaldstil, direkt am Titisee, eigener Strand. Parkhotel Adler, Adlerplatz 3, ✆ 076 52/12 70, Fax 12 77 17: direkt am Park, mit Schwimmbad; seit 1446 (!) in Familienbesitz.
... in Löffingen: Schwarzwald-Parkhotel, Am Tiergehege, ✆ 076 54/ 92 23 22 u. 86 64, Fax 773 25: am Waldrand, mit Hallenbad, Diätküche und gutem Restaurant.
... in Titisee: Treschers Schwarzwald-Hotel am See »Best Western«, Seestr. 10, ✆ 076 51/80 50, Fax 81 16: Hier würde James Bond absteigen und in einer der Bars seinen Cocktail schlürfen. Direkt am See, mit eigenem Strand, Liegewiese und ›Badeland‹ in der Halle. Wirkt sündhaft teuer, ist aber bezahlbar. Ähnliche Hotels, direkt am See und mit Hallenbad bzw. Whirlpool: Hotel Brugger am See, ✆ 80 10; Maritim, ✆ 076 51/80 80; Seehotel Wiesler, ✆ 076 51/980 90.
Hotel Rauchfang, Bärenhofweg 2, ✆ 076 51/825 50, Fax 881 86: auch mit Hallenbad und Restaurant, Weinstube mit Kamin, Wäldlerstube; kleiner und günstiger als die Luxushäuser. Hotel-Restaurant Waldeslust, Neustädter Str. 41, ✆ 076 51/825 60, Fax 882 33: Ohne Hallenbad und noch günstiger, zentral gelegen. Über die Vielzahl von Übernachtungsmöglichkeiten, auch außerhalb der Ortschaften, kann man sich in einem dicken Heft bei der Kurverwaltung informieren, s. Information.

Öffnungszeiten in Donaueschingen: Gemäldegalerie im Karlsbau, Karlsplatz 7: Di–So 9–12 u. 13.30–17 Uhr (Nov. geschl.). Schloß,

›Donauquelle‹ im Donaueschinger Schloß

Karlsplatz 7: März–Sept. Mi–Mo 9–12, 14–17 Uhr; Gobelins, Gemälden usw.
... in Furtwangen: Uhrenmuseum, Gerwigstr. 11, ✆ 077 23/92 01 17: April–Okt. tgl. 9–17 Uhr.
... in Löffingen: Wild- und Freizeitpark »Schwarzwaldpark«, nördl. des Ortes, ausgeschildert: Ostern–Nov. (Anfang) tgl. 9–18 Uhr.

Kulturelle Veranstaltungen in Bonndorf: Kinderprogramm mit Kutschfahrten, Bähnlefahrten, Ranchbesuch, Spielmobil, s. Information.
... in Bräunlingen: Fasnet; Kilbig (Kirchweih): Volksfest der Umgebung im Okt.; Schwarzwald-Marathon im Okt.
... in Donaueschingen: Intern. Donaueschinger Musiktage für zeitgenössische Tonkunst im Okt., s. Information.
... in Hinterzarten: Wandern/Literatur im Winter, Wandern/Tanzen im Frühling und Herbst, auch Entspannungsübungen; Kochen mit dem Küchenchef; Ballonfahrten usw.; Marschner Festival mit Konzerten u. a. von zeitgenössischen Komponisten (alljährl. im Sept.); im Herbst Lesungen bekannter Autoren im Kurhaus, s. Information.
.... in Titisee: Kurhaus: Gala-Abende, Jazz, Disco, Beach-Party, Show, Musical, Theater, Kinderprogramm. Außerdem: Angeln, Ausflugsfahrten, Bootsfahren/-verleih, Fahrradverleih, Fitneß, Minigolf, Schießen, Seerundfahrten,Bücherei, Tennis u. v. m., s. Information.

Information in Bonndorf: Touristinformationszentrum, Schloßstr. 188, 79848 Bonndorf, ✆ 077 03/76 07, Fax 75 07.
... in Bräunlingen: Verkehrsamt, Kirchstr. 10, 78199 Bräunlingen, ✆ 07 71/619 00.
... in Donaueschingen: Verkehrsamt, Karlstr. 58, 78166 Donaueschingen, ✆ 07 71/85 72 21, Fax 85 72 28.

»Knödelfresser« (1870) im Furtwanger Uhrenmuseum

... in Furtwangen: Fremdenverkehrsamt Furtwangen, Marktplatz 4, 78120 Furtwangen, ✆ 077 23/93 91 11, Fax 93 91 99.
... in Hinterzarten: Touristinformation, Freiburger Str. 1, 79856 Hinterzarten, ✆ 076 52/12 06 42, Fax 12 06 49.
... in Löffingen: Kurverwaltung, Rathausplatz 14, 79843 Löffingen, ✆ 076 54/400 Fax 802 65.
.. in Simonswald: Verkehrsamt, Talstr.14a, 79263 Simonswald, ✆ 076 83/255 u. 910142, Fax 14 32.
... in Titisee-Neustadt: Touristinformation, Kurhaus Titisee, Strandbadstr. 4, 79822 Titisee-Neustadt, ✆ 076 51/980 40 u. 20 62 50, Fax 98 04 40.

Route 9: Von Stühlingen im Südosten nach Sulzburg im Südwesten

Weite Aussichten oder abgeschlossene Waldeinsamkeit, wie zum Beispiel in Bad Sulzburg mit seinem vornehmen Hotel. Urtümliche Kirchen, alte Synagogen und freundliche Badeseen.

Stühlingen

Das belebte Städtchen (ca. 5000 Einw.) am Osthang des Südschwarzwalds liegt nahe an der Schweizer Grenze. Vor allem die Museumsbahn »Wutachtalbahn« verlockt zu Ausflügen, zumindest bis ins ca. 20 km nördliche **Blumberg.** Die 1890 gebaute Strecke schlängelt sich in geradezu absurdem Kurvenverlauf über Viadukte und einen Spiraltunnel, nur um die Schweizer Grenze zu meiden, weshalb sie auch »Sauschwänzlebahn« genannt wird.

Aber man kann ebenso gut in der Stadt bleiben: Die ansprechende Hanglage mit der geschäftigen, verkehrsreichen Unterstadt und dem gut konservierten oberen Teil verleiht auch dem ›Seßhaften‹ das Gefühl, vom Geschehen nicht weit entfernt zu sein. Das fanden schon die Kelten, Alemannen und Römer, wovon archäologische Funde zeugen.

Ins Licht der Geschichte tritt der Ort um 1250, wo schon vom Stühlinger **Schloß Hohenlupfen** die Rede ist, das immer wieder wechselnde Besitzer aus dem regionalen Adel (Küssaburger, Fürstenberger usw.) aufweist. Auf älteren Fundamenten erheben sich Wohnbauten von 1620, der Bergfried stammt aus dem Mittelalter. In der Oberstadt kann man sich den Marktplatz mit **Treppengiebelhäusern** anschauen.

Am Hang liegt zudem die **Klosterkirche der Kapuziner** von 1738 mit Altargemälden von Franz Joseph Spiegler. Das Barock ist hier freundlich, und die Verzierungen angenehm zurückhaltend. Ebenso verhält es sich mit der **Hl.-Kreuz-Kirche** aus dem Jahr 1787 in der Unterstadt.

Von Stühlingen aus fährt man auf der B 314 an der Wutach entlang in das ca. 17 km südlich gelegene Tiengen, ein Städtchen mit traditionsreicher Vergangenheit.

Tiengener Schloß

Tiengen

Dieses uralte Zentrum (ca. 23 000 Einw. mit Waldshut), 858 erwähnt, war schon in keltischer Zeit wichtig. Nach mehrfachem Besitzerwechsel und Feuersbrunst ging der (in der Altstadt) von spätgotischen Gebäuden bestimmte Ort 1687 an die Fürsten von Schwarzenberg über, die aus Franken stammten und vor allem in Österreich zu großen Besitztümern gekommen waren. Zu Beginn des 19. Jh. wurde Tiengen badisch.

Die **Pfarrkirche St. Marien,** eine 1751–1753 von Peter Thumb erbaute barocke Basilika, liegt malerisch über der geschäftigen Altstadt. Daneben erhebt sich das 1619 vollendete, herrschaftlich wirkende **Schloß.** Auf diese Gebäude läuft die Hauptstraße (Fußgängerzone) zu, über die man einen Torbogen mit Bauernkriegs-Fresko, das alte **Gasthaus Zum Hirschen** und den **Oberen Brunnen** aufsuchen kann.

Ca. 5 km südlich erreicht man über die B 34 die landschaftsbeherrschende **Ruine Küssaburg** (638 m) mit gutem Ausblick, und manche reizt es zu beobachten, wie die Flugzeuge über der Burg auf die Zürcher Landebahn einschwenken.

Route 9 ▷

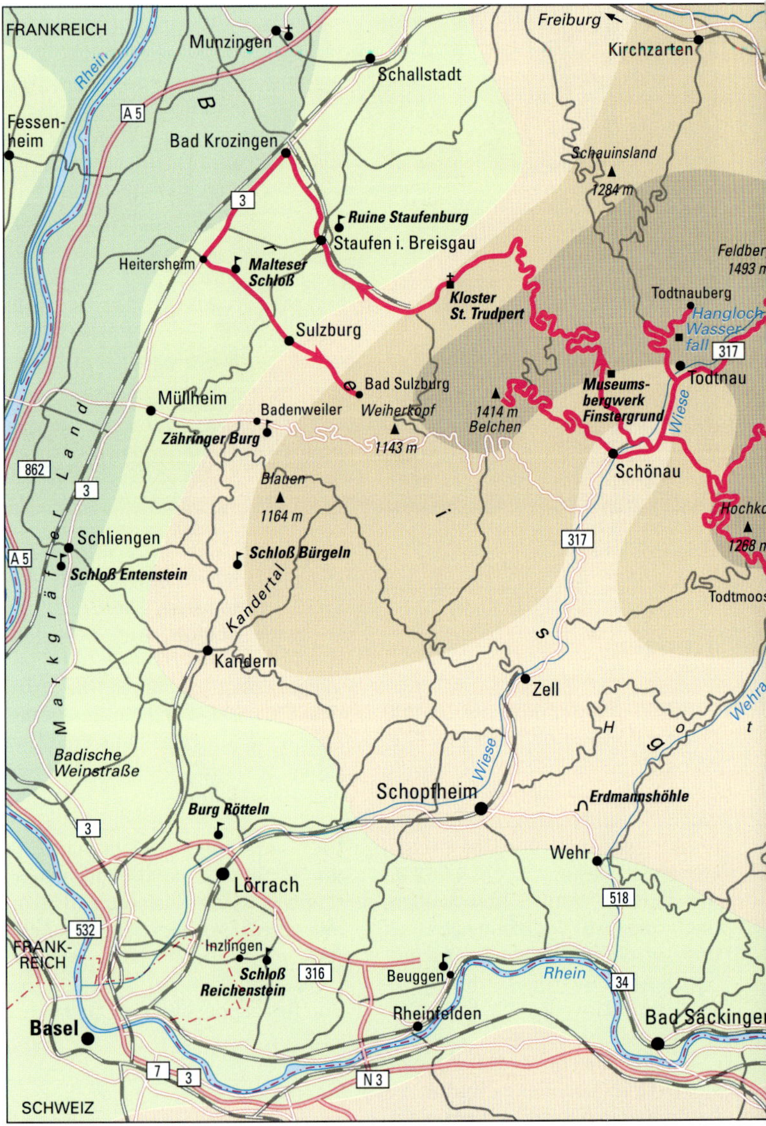
FRANKREICH
Munzingen
Schallstadt
Freiburg
Kirchzarten
Rhein
A 5
Fessen-
heim
Bad Krozingen
B
Schauinsland
1284 m
3
Ruine Staufenburg
Staufen i. Breisgau
Feldberg
1493 m
Heitersheim
Malteser Schloß
Kloster St. Trudpert
Todtnauberg
Hangloch-Wasserfall
317
Todtnau
Sulzburg
Museumsbergwerk Finstergrund
Bad Sulzburg
Müllheim
Badenweiler
Weiherkopf
1414 m
Belchen
Wiese
Zähringer Burg
1143 m
Schönau
862
Markgräfler Land
3
Blauen
1164 m
Hochkopf
1268 m
Schliengen
317
A 5
Schloß Bürgeln
Schloß Entenstein
Todtmoos
Kandertal
Kandern
Zell
Wehra
Badische Weinstraße
Wiese
Schopfheim
Erdmannshöhle
Burg Rötteln
3
Wehr
Lörrach
518
532
FRANK-
REICH
Inzlingen
Schloß Reichenstein
316
Beuggen
Rhein
34
Rheinfelden
Bad Säckingen
Basel
7
3
N 3
SCHWEIZ

Donaueschingen
Neustadt
Titisee
Löffingen
Feldberg i. Schwarzwald
317
ldsee
Altglashütten
Wutachschlucht
Wutach
500
Schluchsee
Bonndorf
Schluchsee
Bernau
Unterlehen
erlehen
Blumenberg, Donaueschingen, Bodensee
Grafenhausen
Alb
Kloster St. Blasien
St. Blasien
Stühlingen
Schwarza
Schloß Hohenlupfen
314
SCHWEIZ
e n w a l d
Alb
Wutach
500
Tiengen
Waldshut
Schloß Schwarzenberg
34
34
Ruine Küssaburg
Albbruck
SCHWEIZ
aufenburg
34
Rhein
SCHWEIZ
Aare
rich
N
0
5 km

Waldshut

Der hübsche Ort liegt mit seiner Uferpromenade ca. 10 km nördlich der Küssaburg am Rhein. Der Autoverkehr wird nördlich vorbeigeleitet, so daß man sich in der Kaiserstraße, der zentralen Fußgängerzone, ungestört in ein Straßencafé an den Brunnen setzen und die Leute beobachten kann.

Bei dieser Gelegenheit kann man zur Geschichte nachlesen, daß Waldshut 1242 von den Habsburgern zum ›Behüten‹ der Besitzungen im Südschwarzwald gegründet wurde und, mit Unterbrechungen, bis 1805/06 in österreichischem Besitz verblieb.

»Bächle« in Waldshut

Durch das spätgotische **Schaffhauser Tor** mit einer Brücke hat man die Fußgängerzone betreten und passiert die schönsten Häuser Waldhuts: das **Gasthaus zum Wilden Mann** aus dem 16./17. Jh. mit alter Zunftstube im Obergeschoß; danach das **Rokoko-Rathaus** von 1770, dann das ehemalige Schlachthaus, die **Alte Metzig,** ein Haus von 1588, heute Heimatmuseum. Viele Häuser der Kaiserstraße zeigen die typischen vorspringenden Giebeldächer. Für die **Pfarrkirche St. Marien** (1808) wurden gotische Reste in die Chormauern einbezogen. Sehr beachtenswert ist die Ausstattung mit Alabastermarmor. Unten an der **Rheinpromenade** hat man nicht nur einen schönen Blick in die Schweiz, man kann sich auch mit der Fähre hinüberschippern lassen.

Nach dem Ausflug an den Rhein geht es wieder in den Hochwald, um dort das Kloster St. Blasien aufzusuchen.

St. Blasien

Die 24 km lange Fahrt von Waldshut aus bietet einige Waldeindrükke und Ausblicke. Verschwiegener, altertümlicher und vor allem schwarzwaldgemäßer wäre eine Abfahrt, am besten mit dem Fahrrad, durch das parallel verlaufende

Die Kuppel in St. Blasien

Albbachtal nach Albbruck. Der Wald wird hier »Hotzenwald« genannt, nach den Hotzen, den Schafwoll-Tuchwaren.

In kultureller Hinsicht wird jedoch alles vom Kloster St. Blasien mit seiner reichen Geschichte überragt. Als entscheidendes Gründungsjahr gilt 948, obwohl schon seit dem 8. Jh. eine Eremitenklause und im 9. Jh. ein Kloster vorhanden waren. Mehrere Brände und Kriege konnten den Aufstieg nicht aufhalten: Seit 1361 war es den Habsburgern unterstellt und wurde von ihnen gefördert, 1613 wurde es unmittelbar dem Reich zugeordnet, ab 1746 war St. Blasien Fürstabtei mit großen Besitzungen im ganzen Südschwarzwald. 1806 wurde es säkularisiert, wobei die Benediktiner nach Kärnten umzogen. Nachdem die Gebäude eine Zeitlang als Fabrik gedient hatten, richteten die Jesuiten 1934 hier ein Kolleg ein, das die Nazis schlossen, dessen Tradition aber 1946 fortgeführt werden konnte. Auch der CDU-Politiker Heiner Geißler war hier Schüler.

Am imposantesten ist der riesige Kuppelbau der zentralen **Kirche** – der drittgrößten in Europa –, 1768–1783 vom Architekten Michel d'Ixnard geschaffen und ein Hauptwerk des Frühklassizismus. Besonders hell wirkt die Anlage inmitten der finsteren Waldhügel, so ganz jedem Klischee vom Schwarzwald widersprechend und St. Peter und St. Maria Rotonda in Rom nachempfunden. Der Fürstabt

Martin II. Gerbert (1764–1793) leitete diese Höhepunkte in der Geschichte des Klosters in die Wege.

Viele der Klostergebäude und Nebenanlagen stammen noch aus dem 18. Jh. und sind barock geprägt. Die Straßenzeile des kleinen Städtchens (unter 5000 Einw.), die dem Kloster gegenüber liegt, bietet Einkaufs- und Einkehrmöglichkeiten.

Von St. Blasien aus fährt man ca. 11 km nordwestlich, immer an der Alb entlang, nach **Bernau,** zu dem bekannten Touristen- und Traditionsort im tiefsten Hochschwarzwald. In vielen Teilen über 1000 m hoch gelegen, besteht es eigentlich aus mehreren Ortsteilen (ca. 2000 Einw.), die bis ins 19. Jh. zu St. Blasien gehörten. Hier findet man noch einige typische Schwarzwald-Bauernhäuser, z. B. in Oberlehen den **Resenhof.** In ihm wird auf museale Weise vorgeführt, wie die Bauern noch bis ins 20. Jh. leben mußten.

Traditionelle Holzbearbeitung in Bernau

Die Landwirtschaft war äußerst dürftig, so daß der Bauer jedes einzelne Stück Vieh sehr nah beim eigenen Haus hegte und pflegte. Zusätzlich mußte noch ein Holzbearbeitungs-Handwerk betrieben werden, einige Geräte und Werkzeuge, Roh- und Fertigmaterial sowie Werkstatteinrichtungen im Rosenhof zeugen davon. Hier oben gibt es außerdem einen lehrreichen Waldlehrpfad, Radwege und Skilifte, von Wandermöglichkeiten ganz zu schweigen.

Von Bernau führt eine Strecke von ca. 12 km am Hochkopf (1263 m) vorbei nach **Todtmoos** (ca. 2500 Einw., über 800 m), das ebenfalls zu St. Blasien gehörte. Es gilt heute als Luftkur- und Wintersportort mit Kurhaus, Wallfahrtskirche und renovierten Häusern. Die barocke **Wallfahrtskirche Mariä Himmelfahrt** (vom Ende des 18. Jh. geprägt) ist mit Wessobrunner, also höchst qualitätvollen feinen Stuckarbeiten ausgeschmückt. Das nebenstehende Pfarrhaus, ehemals Prioratsgebäude zu St. Blasien, stammt aus dem Jahr 1733.

17 km nördlich von Todtmoos, an der B 317, liegt **Todtnau** (ca.

Selbst- und Sinnfindung im Schwarzwald

Wer in einem Ballungsraum wie dem Ruhrgebiet oder in einer Großstadt lebt und arbeitet, der fühlt sich in den einsameren Gegenden des Schwarzwalds sofort den elementaren Dingen des Lebens näher. Angesichts des alten Waldes, der weiten Wiesen und Täler erscheint die Gier nach Geld, Macht und Erfolg in den Großstädten manchem sinnlos. Das Streben nach einer höheren Position in der Firma, das Rangeln mit den Mitbewerbern um ein gutes Geschäft – sind das nicht alles ›Holzwege‹?

»Holzwege« – das ist auch der Titel einer Schrift des Philosophen Martin Heidegger (1889–1976) aus dem Jahr 1950, auf die Waldwege anspielend, die nicht weiterführen, weil sie nur zum Abtransport von Baumstämmen angelegt wurden. Und »Sein und Zeit« (1927) heißt das frühere epochemachende Werk des in Meßkirch/Baden geborenen Philosophen.

Heidegger war einer der ersten, die in den Schwarzwald aufbrachen, um dort Sein, Zeit, Sinn und Selbst zu ergründen. 1922 ließ er sich in einer Hütte in Todtnauberg nieder, wohnte darin regelmäßig mehrere Monate im Jahr, empfing aber auch Besucher wie etwa den Lyriker Paul Celan. »Arnika, Augentrost, der / Trunk aus dem Brunnen mit dem / Sternwürfel drauf …«, dichtete dieser, als er den Holzbrunnen vor dem Haus in Todtnauberg erblickte.

Viele andere Intellektuelle, Psychologen, Ärzte oder Leiter von Selbsterfahrungskursen folgten. Das »New Age« war angebrochen, das neue Zeitalter der Versöhnung nach dem Zeitalter der Religion (Mittelalter) und dem der (Natur-)Wissenschaft und Technik. Auch eine Reihe von Scharlatanen nutzten die neue Meditations- und Psycho-Welle und würzten sie mit einem Schuß Esoterik oder fernöstlicher Kultur. Die schöne Schwarzwaldlandschaft tat dann ein übriges, um den Eindruck zu erwecken, nach einem teuren Selbsterfahrungskurs von einer Woche oder 14 Tagen ein grandioses Erlebnis gehabt zu haben.

Einer der bedeutendsten und seriösen Meister der Meditation war Karlfried Graf Dürckheim (1896–1988), der 1951 in Rütte bei Todtmoos eine »Existentialpsychologische Bildungs- und Begegnungsstätte« mit einer »Schule für Initiatische Therapie« gründete, die heute noch besteht. Der wissenschaftlich geschulte Graf mit Doktor- und Professorentitel hatte damals schon ein aufregendes Leben hinter sich. Im Ersten Weltkrieg blieb er als Frontoffizier immerhin unverletzt, in der NS-Zeit mußte er seine Tätigkeit als Hochschullehrer beenden. Trotzdem diente er als Kulturdiplomat im Ausland, war also kein Anti-Nazi. 1938 kam er zum ersten Mal nach Japan, wo er die Zen-Meditation kennenlernte, die ihn zeitlebens faszinierten sollte. Ein erstes und zugleich schönstes Buch darüber erschien 1949: »Japan und die Kultur der Stille«. Fast 30 Jahre später folgte die weiterführende Anleitung »Meditieren, wozu und wie?«

Graf Dürckheim engagierte sich hauptsächlich gegen das übertriebene, verbissene, fast könnte man sagen: faustische Suchen und Eifern der Europäer. Auch der abendländisch orientierte Christ sollte durch Zen-Meditation lernen, die »kosmischen Kräfte« einfach »kommen zu lassen«. In einer Reihe von Diskussionen zeigte er auf, daß diese Übungen mit dem christlichen Glauben durchaus vereinbar seien, ja diesen sogar erneuere. Insofern hat sich, trotz einer Vielzahl von Lesern und Schülern, keine Dürckheim-Sekte oder -Ideologie entwikkelt, und auch seine Erben sind nicht diesen Tendenzen verfallen.

5000 Einw.), das ebenfalls im Besitz des Klosters St. Blasien war und vom (Silber-)Bergbau lebte. Von Utzenfeld (4 km südlich) aus kommt man nach ca. 10 km zum **Besucherbergwerk Finstergrund,** in dem man Einblick ins Innerste der Schwarzwaldberge bekommt. Zwischen Todtnau und dem nördlichen **Todtnauberg** stürzen sich fast 100 m hohe Wasserfälle über teils bemooste Steine lautstark in die Tiefe.

Südlich, vor dem Ferienort Schönau, beginnt eine Auffahrt zum **Belchen** (1414 m), einem der schönsten und eindrucksvollsten Schwarzwaldgipfel. Von hier aus sind die Alpen oft besonders gut zu sehen. Skilifte, Wanderwege, Fahrstraßen und Unterkunftshäuser durchsetzen das Belchengebiet.

Der unter Naturschutz stehende Bereich weist große Freiflächen und Felsgebiete auf, die vielen Pflanzen und Tieren Lebensraum bieten. Beim nahegelegenen **Weiherkopf** (1143 m) gibt es als Kontrastprogramm einen »Waldsterbe-Lehrpfad«, wo die Umweltprobleme begreifbar vor Augen geführt werden.

Die höchste Erhebung des Schwarzwalds ist jedoch der **Feldberg** mit 1493 m, in seiner heutigen Form von der letzten Eiszeit ›abgeschliffen‹. Manchmal liegt im Juni am Gipfel noch Schnee, eine große Anzahl von Wanderwegen umringt den Feldberg mit Feldsee

An seiner Nordspitze wirkt der Schluchsee sehr natürlich

(1111 m, Gletscherrest), viele Unterkunftshütten mit Übernachtungsmöglichkeit sind in der Saison geöffnet. Auf dem Gipfel befinden sich ein **Observatorium** für den Wetterdienst und ein **Aussichtsturm.** Auch das Feldberggebiet steht unter Naturschutz und wird von Naturschutzwärtern bewacht. Dennoch leidet die Natur das ganze Jahr unter den Wander- bzw. Skitouristen. Letztere zieht es wegen der Schneesicherheit besonders an den Feldberg (26 Lifte, Langlaufloipen, Skischulen).

Im Gegensatz zu Feldsee und Titisee fungiert der **Schluchsee** (930 m, 12 km vom Feldberg entfernt) als Stausee und dient zur Energieerzeugung. Schon seit 1928 wird hier Strom gewonnen. An vielen Stellen, vor allem an der Nordspitze oder auf der Südseite, wirkt der Schluchsee wieder sehr natürlich: Der Wald kommt dicht heran, manchmal sind kleine Strände zu sehen, seichtere Bereiche bilden Feuchtbiotope. Etwa 60 km weiter, an der Westseite des Schwarzwalds, tauchen die Zwiebeltürme des Klosters St. Trudpert auf, zu erreichen über die alles beherrschenden Bundesstraßen, zuerst die B 317 über Todtnau, dann in Richtung Staufen.

St. Trudpert

Das barocke Kloster St. Trudpert präsentiert sich als traditionsreiches Kloster mit großer Geschichte, die bis auf den irischen Mönch Trudpert (643 durch das Beil gestorben) zurückreicht. Heute leben in dem ehemaligen **Benediktinerkloster** Nonnen, und auch ein Altenheim ist hier untergebracht. Daher ist nur die Kirche, die heute als Pfarrkirche genutzt wird, zu besichtigen, wenn der Pfarrer anwesend ist.

Insgesamt scheint hier die Welt noch in Ordnung, wenn man vor einem so heiter-auftrumpfenden **Barockturm** (1722, nach Plänen von Peter Thumb) steht: Um die weiß-roten Klostergebäude breiten sich sanft ansteigende Wiesen aus, welche an mäßig hohe Laubwaldhügel grenzen, die sich nach Westen in der Ebene verlaufen, nach Osten hin zu höherem Gebirge verdichten. Im Innern der Kirche verteilen sich fein-weißer Stuck und kleinere Deckengemälde über die schwere Architektur. Zu Füßen des Klosters werden seit 1995 die mittelalterlichen Reste der untergegangenen Stadt Münster ausgegraben. Von St. Trudpert sind es nur noch 6 km bis nach Staufen.

Staufener Burgruine

Staufen

Die Stadt (ca. 6500 Einw.) liegt schon ganz in der Ebene. Hier breiten sich überschaubare Altstadtquartiere neben einem überraschend aufragenden **Burgberg** aus, dessen Weinhänge das mittelalterliche Stadtbild noch ›versüßen‹. Mit regionalem Wein im Blut leben vor dem geistigen Auge in dem uralten Ort (770 erwähnt) ernste und literarisch bedeutsame Geschehnisse wieder auf: Aufstieg (12. Jh.) und Fall (1602 an Österreich) der Freiherren von Staufen, die auf der Burg (heute Ruine) residierten, sowie der Tod des Dr. Johannes Faust, der sich im Gasthaus zum Löwen 1539 ereignet haben soll. Die Faust-Figur wurde durch Goethes Tragödie zu einer der großen Gestalten abendländischer Dichtung.

Hauptziel eines Bummels ist der Marktplatz mit einer Reihe von prächtigen, renovierten Häusern: das **Rathaus,** im Kern aus dem 16. Jh., das schon erwähnte **Gasthaus zum Löwen,** das bis auf das 15. Jh. zurückgeht, und der belebende **Brunnen** (16.–18. Jh.).

Nach dem Bummel durch die poetischen Altstadtgassen setzt man seinen Weg in der Ebene fort und gelangt nach 5 km (nordwestlich) in das moderne und geschäftige **Bad Krozingen** (ca. 13 000 Einw.), wo man sogar bei kälteren Temperaturen ein warmes Mineral-Thermalbad genießen kann. Danach empfiehlt sich ein kleiner Spaziergang durch den Kurpark und am Neumagen-Fluß entlang. Im **Schloß** in der Nähe der B 3 am Ortseingang, im wesentlichen vom 18. Jh. geprägt und in Privatbesitz, werden regelmäßig Konzerte angeboten. Dabei kommt dann die außergewöhnlich wertvolle Sammlung alter Tasteninstrumente, die seit 1974 von Fritz Neumeier bzw. Rolf Junghanns aufgebaut wurde, zu klangvoller Geltung.

Ca. 6 km weiter nördlich erreicht man nach Überqueren der Autobahn über die B 31 den Ort **Munzingen** (Schloß 17./18. Jh., Privatbesitz). Von diesem Ort kann man zur **Ehrentrudiskapelle** hinauffahren, um den Rundblick in die Landschaft zu genießen.

Weiter südlich liegt an der Bundesstraße der Ort **Heitersheim** mit seinem **Malteserschloß,** erkennbar an den rot-weiß geschmückten Gebäuden (16.–18. Jh.). Das Schloß ist ein traditionsreicher Hauptsitz des Johanniterordens in Deutschland, in dem sich heute noch Schulen und Werkstätten befinden. Ein kurzer Blick in die Höfe lohnt sich.

Sulzburg

In diesem kleinen (ca. 2600 Einw.) Luftkurort am südlichen Schwarzwaldhang kann man ineressante Entdeckungen machen; die Wälder rücken hier nahe an den Ort heran.

Jüdischer Friedhof in Sulzburg

Seine Geschichte weist auf frühmittelalterliche Ursprünge hin: 993 wurde hier ein Cyriakuskloster gegründet, von dem noch die eindrucksvolle Kirche zeugt. 1004 bemühte sich der Basler Bischof um die Einrichtung eines Marktes bei Kaiser Heinrich II. 1556 wurde das Kloster endgültig aufgehoben. Nach häufigem Wechsel der Herrschaft fiel der Ort Sulzburg 1415 an den Markgrafen von Baden. Lange Jahrhunderte lebte die Stadt vom Bergbau (Silber, Blei usw.). In der ehemaligen Stadtkirche (19. Jh.) befindet sich heute das **Landesbergbaumuseum** mit lehrreichen Ausstellungsstücken zur Kultur des Bergbaus.

Von großer Ausstrahlungskraft ist die romanische (ehemaligen Kloster-)**Kirche St. Cyriacus** am nördlichen Stadtrand. Die elementaren, schlichten Räumlichkeiten, die klare Durchgestaltung des gesamten Baukörpers sind typisch für die Zeit, in der das Gotteshaus geweiht wurde (993). Die Krypta unter dem östlichen Chor schließlich (11. Jh.) ist einer der würdevollsten sakralen Räume des Schwarzwalds: Eine sehr einfache runde Mittelsäule stützt die klobigen Gewölbe, zwei einfache Fensterchen geben von außen etwas Licht, der Boden ist mit diversen faustgroßen Kieselsteinen gepflastert. Der Turm stammt vom Anfang des 11. Jh. Die Seitenschiffe wurden in den 1960er Jahren rekonstruiert.

Draußen fließt der Sulzbach vorbei, an dem man fast durchgehend spazierengehen kann. In der Gustav-Weil-Straße findet man die **Synagoge** aus dem 19. Jh. Sie zeugt von der ehemals großen jüdischen Gemeinde Sulzburgs, die jedoch am 22. Oktober 1940 ausgelöscht wurde. Der alte **jüdische Friedhof** befindet sich oberhalb, am östlichen Ausgang der Stadt. Noch tiefer im Wald liegt der kleine Ortsteil **Bad Sulzburg** in einer Lichtung.

Route: ca. 220 km; 4-5 Tage. Zum Teil auf Panorama- oder Serpentinen-Straßen.

Unterkunft in Bad Krozingen: Barthel's Hotellerie, Thürachstr. 1, ✆ 0 76 33/1 00 50, Fax 10 05 50: mitten im Kurgebiet gelegen.
... in Bernau: Hotel-Pension Löwen, Dorf 18, Ortsteil Dorf, ✆/Fax 076 75/ 277: seit 1880 in Familienbesitz; mit Hallenbad.
... in Feldberg-Altglashütten: Hotel-Restaurant Waldeck, mit Gästehaus Monika, Windgfällstr. 19, ✆ 076 55/ 910 30 u. 364, Fax 231: mit Liegewiese bei alten Bäumen. Schwarzwaldgasthof Adler, Feldberg-Bärental, ✆ 076 55/230, Fax 12 28: Das traditionsreiche Haus wurde sorgfältig renoviert; eigene Konditorei.
... in St. Blasien: Hotel Klosterhof, Am Kurgarten 9, ✆ 076 72/523, Fax 20 32: Hinter der barocken Fassade liegen moderne, stilvolle Räume.
... in Schluchsee: Hotel Blasiwälder Hof, Eisenbreche, Ortsteil Blasiwald, ✆ 076 56/276, Fax 91 11: Haus im Schwarzwaldstil, in einer Waldlichtung hoch über dem Schluchsee (400 m entfernt) gelegen. Seehotel Hubertus, Schluchsee-Seebrugg, ✆ 076 56/524, Fax 261: Das 1897 erbaute ehemalige Jagdschlößchen liegt direkt am See und hat einen hauseigenem Strand; an der seeabgewandten Seite geht allerdings eine Straße vorbei.
... in Staufen: Hotel Die Krone, Hauptstr. 30, ✆ 076 33/58 40, Fax 829 03: schön renoviertes Haus im Zentrum, aus dem 18. Jh.; nach vorne hinaus blickt man auf einen Brunnen, hinten auf den Burgberg; mit gutem Restaurant. Zum Löwen-Fauststube, Hauptstr. 47, ✆ 076 33/70 78: In dem historischen Haus im Zentrum aus dem Jahr 1380 soll Faust gestorben sein; vorzügliches Restaurant mit altdeutschem Ambiente; es werden nur drei Doppelzimmer angeboten!
... in Stühlingen: Landgasthof-Hotel Rebstock, Restaurant und Extra-Gästehaus, Schloßstr. 10, ✆ 077 44/921 20, Fax 92 12 99: traditionsreiches Haus (seit 1368).
... in Sulzburg: Gasthof zum Hirschen, Hauptstr. 69, ✆ 076 34/82 08, Fax 67 17: Das Haus aus dem 18. Jh. ist stilvoll-antik eingerichtet und für seine exquisite, z. T. französische Küche bekannt. Silence-Waldhotel Bad Sulzburg, Badstr. 67, ✆ 076 34/82 70, Fax 82 12: Das alte und das neue Haus sind der ganze ›Badeort‹ in einer gepflegten und stillen Waldlichtung, in der man auch die Gesellschaft von Mitbewohnern auf der Terrasse, auf dem Tennisplatz, im Restaurant oder im Hallenbad finden kann.
... in Todtmoos: Hotel-Restaurant Gersbacher Hof, Hochkopfstr. 8, Ortsteil Weg, ✆ 076 74/444, Fax 10 40: original Schwarzhaldhaus in herrlicher Lage, modern ausgestattet und sehr günstig.
... in Todtnauberg: Hotel Engel, Kurhausstr. 3, ✆ 076 71/911 90, Fax 911 92 00: gepflegtes älteres Haus (renoviert) mit Hallenbad.
Berggasthaus Stübenwasen, am Fuß des Stübenwasen (1338 m), auch mit dem

Auto über die Todtnauberg-Jugendherberge erreichbar, ✆ 076 71/334: Berghütte mit gutem Restaurant und sehr günstigen Zimmern (manche auch mit Toilette/Bad) und eine kleine Sammlung alter Krimis; eine der schönsten Berghütten im Schwarzwald.

Öffnungszeiten in Bad Krozingen: Schloß, ✆ 076 33/37 00: Besichtigung Do 16–17 Uhr. Einzigartige Sammlung historischer Tasteninstrumente.

... in Bernau: Hans-Thoma-Museum im Rathaus, Gemäldesammlung mit Werken Thomas: tgl. außer Mo 10–12 und 14–17 Uhr, Sa, So und an Feiertagen 10.30–12 und 14–17 Uhr. 15. Nov.–10. Dez. geschl. Resenhof (Bauernmuseum), außerhalb, ist ausgeschildert: tgl. außer Mo 14–16, Juni–Aug. auch 10–12 Uhr, 15. Nov.–25. Dez. geschl. Holzschnefler- (Schindeln, Rechen, Hacken, Stiele) und Bauerngeräte, Einblick in Arbeit der Kübler, Schachtelmacher und Drechsler.

... in Grafenhausen: Heimatmuseum Hüsli, nördlich des Ortes, ✆ 077 48/212: April–Sept. Di–Sa, 9.30–12 u. 13.30–17, So 13.30–17 Uhr, Mo geschl.

... in Heitersheim: im Schloß, Johanniter- und Maltesermuseum, ✆ 076 33/53 68: April–Okt. So u. Feiertage 11–12, Mi 15–17 Uhr. Schloß- und Museumsführung jeden 3. Mi im Monat, 15 Uhr, Eingang Westtor Staufener Straße.

... Sulzburg: Landesbergbaumuseum am Marktplatz: tgl. außer Mo 14–17 Uhr.

Kulturelle Veranstaltungen in Bad Krozingen: im Kurhaus: Modenschauen, Lustspiele, Schloßkonzerte usw., s. Information.

... in Feldberg: geführte Wanderungen im Feldberg-Naturschutzgebiet, mit dem Feldberg-Ranger, s. Information. Gleitschirmschule, Infos: »Air Power«, Beim Steinernen Kreuz 10, 79798 Jestetten, ✆ 077 45/308, Fax 477. Ferienkurse: Schwarzwälder Kirschtortenkurse, Glasbläserei, Schaubrennen (von Schnaps), Kutschfahrten, Schwarzwälder Jazz-Sommer (Ende Juni, Anfang Juli); Auskünfte und Anmeldung, s. Information.

... in Schluchsee: im Kurhaus: Theater, Vorträge, Konzerte. Seenachtsfest. Kinder- und Familienprogramm, Segeln, Surfen, Tauchen, s. Information. Führungen mit dem Feldbergförster (3 Std.): Forstamt Schluchsee, ✆ 076 56/989 66.

... in Stühlingen: Fastnacht, Jagen, Segelfliegen, s. Information.

... in Sulzburg: Weinproben, s. Information.

... in Todtmoos: Internationales Schlittenhunderennen: jedes Jahr am letzten Januarwochenende.

... in Todtnau: Glasbläservorführungen am Ofen, Todtnau-Aftersteg, ✆ 076 71/80 50: tgl. ab 10.30 Uhr.

... in Waldshut: Musik und Kleinkunst in der historischen Stadtscheuer, Theater und Konzerte in der Stadthalle. »Waldshuter Chilbi«: Rummel auf dem Festplatz, 3. Wochenende im Aug., s. Information. Rheinrundfahrten: ab 10 Personen, bei Fährbetrieb tgl. ab 14.30 Uhr oder nach Absprache, ✆ 077 51/83 32 40.

Information in Bad Krozingen: Kur- u. Bäderverwaltung, Herbert-Hellmann-Allee 12, 79189 Bad Krozingen, ✆ 076 33/400 80, Fax 40 08 22.

... in Bernau: Touristinformation, Rathausstr. 18, 79872 Bernau, ✆ 076 75/16 00 30, Fax 16 00 90.

... in Feldberg: Touristinformation Feldberg-Ort, Paßhöhe, ✆ 076 76/250. Touristinformation Feldberg-Altglashütten, Kirchgasse 1, 79868 Feldberg, ✆ 076 55/80 19, Fax 801 43.

Radwanderer auf dem Feldberg

Naturschutz-Infostation Feldberg, ✆ 076 76/404: Informationen, Führungen und Seminare.

... in St. Blasien: Touristinformation, Am Kurgarten 73, 79837 St. Blasien, ✆ 076 72/414 30, Fax 414 38.

... in Schluchsee: Kurverwaltung, Schloßstr. 9, 79857 Schluchsee, ✆ 076 56/77 32, Fax 77 59.

... in Staufen: Verkehrsamt, Rathaus, Hauptstr. 53 79219 Staufen, ✆ 076 33/805 36, Fax 505 93.

... in Stühlingen: Verkehrsamt, Schloßstr. 9, 79780 Stühlingen, ✆ 077 44/ 532 34, Fax 532 22.

... in Sulzburg: Verkehrsamt, Hauptstr. 54, 79295 Sulzburg, ✆ 076 34/ 56 00 40, Fax 56 00 50 (im Landesberg-baumuseum).

... in Todtmoos: Touristinformation, Wehratalstr. 19, 79682 Todtmoos, ✆ 076 74/906 00, Fax 90 60 25.

... in Todtnau: Kurverwaltung, im Kurhaus, 79674 Todtnau-Todtnauberg, ✆ 076 71/375, Fax 92 20.

... in Waldshut: Verkehrsamt Waldshut, Wallstr. 26, 79761 Waldshut-Tiengen, ✆ 077 51/83 31 98, Fax 83 31 26.

! **Meditationszentrum in Todtmoos-Rütte:** Existentialpsychologische Bildungs- und Begegnungsstätte (nach Graf Dürckheim), Graf-Dürckheim-Weg 12, 79682 Todtmoos, ✆ 076 74/350.

Route 10: Schlösser, Bäder und Burgen am Rhein

Wie auf Terrassen liegen die Wein- und Badeorte an den Berghängen zum Rhein hin: Schon die Römer wußten die günstige Lage zu nutzen, die Orte wie Badenweiler oder Bad Säckingen heute noch genießen.

Badenweiler

Auf ca. 400 m Höhe an dem so bevorzugten Westabhang des Schwarzwalds situiert, ist Badenweiler (3500 Einw.) einer der traditionsreichsten Kurorte des Schwarzwalds. Terrassenartig sind die erholsamen und botanisch vielfältigen Kuranlagen zwischen dem frischluftspendenden Wald und den beginnenden Weinbergen angelegt. Grandios breitet sich weiter unten die Rheinebene aus, während im Hintergrund der Blauen 1164 m hoch aufragt.

Nur leicht erhöht, für den Kurgast durch einen Nachmittagsspaziergang zu erreichen, erhebt sich auf einem Hügel mitten in der Stadt die Ruine einer alten **Zähringer-Burg** (11.–17. Jh.), die als Kulisse für das ganze ›Kurpark-Theater‹ dient. Sonst prägen den Ort Villen mit ihren parkähnlichen Gärten und hochmoderne Kurbadeanlagen, so etwa das »Markgrafenbad« mit Marmorbad, Thermalwasserbecken und Saunalandschaft. Und welch Kontrast: Neben den sauberen und feinen Becken, in denen sich keine störende Bakterie tummeln darf, hat man **Bäder aus römischer Zeit** ausgegraben, die so gut erhalten sind, daß man nur noch in Italien derart aufschlußreiche Architektur finden kann. Die Bäder entstanden unter Kaiser Vespasian in der 2. Hälfte des 1. Jh. n. Chr.

Die ästhetische Atmosphäre Badenweilers lockte Künstler und Lebenskünstler, z. B den Dichter René Schickele (1883–1940), der seit 1920 hier lebte und viele hohe Gäste empfing. 1904 kam Anton Tschechow mit Frau, der aber schon bald nach seiner Ankunft in seinem Hotel an Tuberkulose starb.

Um nicht diese ideale ›Zwischenhöhe‹ zu verlieren, fährt man von Badenweiler aus 7 km nach Süden auf einer Art Promenadenstraße immer am Hang entlang in Richtung Kandern, bis ein Schild die Abzweigung zu **Schloß Bürgeln** anzeigt. Wenn man es erreicht hat, ist man überzeugt: An dieser Stelle mit dem herrlichen Ausblick mußte einfach ein heiter stimmendes Rokokoschloß (1762) erbaut werden! Wenn man bedenkt, daß dieses Schloß ursprünglich ein Probstei-Neubau zum Kloster St. Blasien werden sollte, wird einem bewußt, welch frohgemute Lebensart der süddeutsche Katholizismus entfalten konnte. 1126 errichtete St. Blasien hier eine Zelle, der Rokoko-Bau stammt von Franz Anton Bagnato. Im Innern befindet sich noch – freundliches Zugeständnis an die Religion – eine fein ausgemalte und stuckierte **Kapelle** aus dem 17. Jh.

Im nahegelegenen **Kandern** wurde übrigens Johann August Sutter (1803–1880) geboren, der Kalifornien-Pionier, der später ein Opfer des Goldrausches wurde. 9 km nordwestlich liegt **Schliengen** (4500 Einw.), wiederum nahe am Rhein, und man sage nicht, man sei in Entenhausen, nein, das hiesige **Wasserschloß** heißt **Entenstein** (im 15. Jh. entstanden). Es wird heute als Rathaus genutzt.

Lörrach

Südlich von Schliengen senken sich die Berge, die Ebene weitet sich, die Besiedlung wird dichter.

Markgrafenbad in Badenweiler

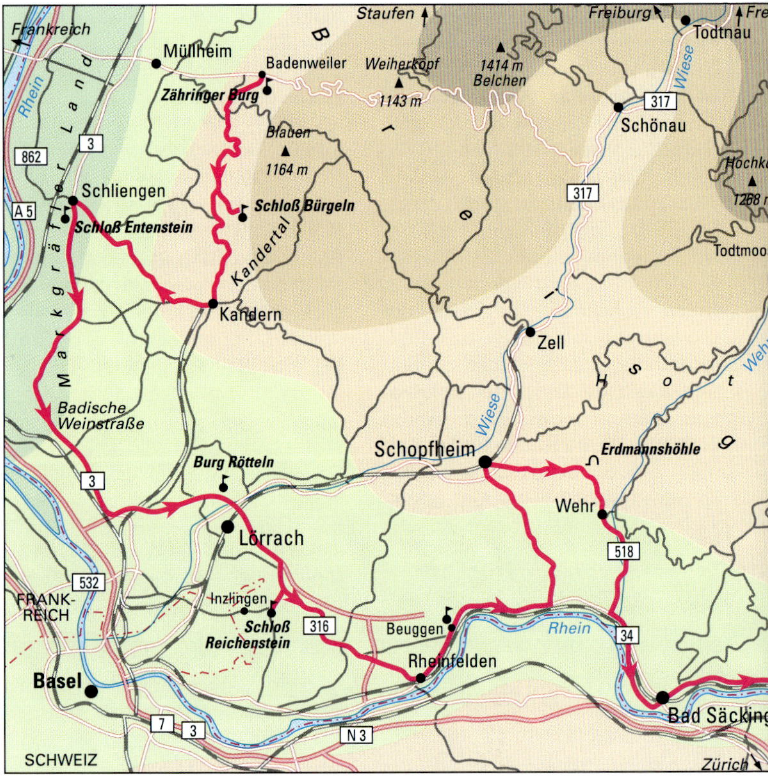

Schnell fährt man mit dem Auto die ca. 22 km nach Lörrach, einem Zentrum in der Südwestecke des Schwarzwalds mit 44 000 Einwohnern, das sich besonders durch seine Nachbarschaft zum schweizerischen **Basel** (s. S. 191) auszeichnet. Hier verdichten sich Industrie, Straßen und Zubringerverbindungen für den Autoverkehr noch einmal.

Hoch über der Stadt thront die **Burgruine Rötteln.** Die historisch bedeutsame und große Anlage geht auf das 11. Jh. zurück, aber schon 751 wird »Raudinleim« in St. Gallener Quellen genannt. Die Burgherren waren Vögte des Klosters St. Alban im Breisgau, außerdem Bischöfe und Dompröpste. Der älteste Teil ist die **Oberburg** mit dem Bergfried Grüner Turm (besteigbar), der Zisterne und einem mächtigen Torbau. Nach einem Erdbeben 1356 wurde die **Unterburg** ange-

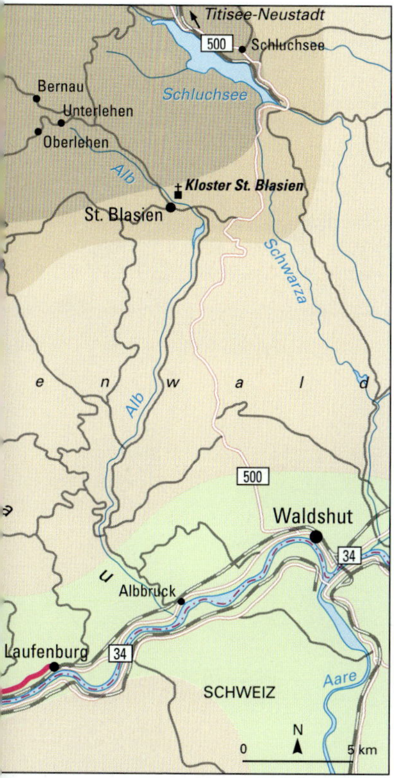

Route 10

Fürstlich speist man im malerischen **Wasserschloß Reichenstein** in **Inzlingen**, im Süden von Lörrach. Bevor das Restaurant eröffnet wurde, waren die Gebäude aus dem 12. bzw. 16. Jh. u. a. im Besitz der Basler Reich von Reichenstein.

Den Rhein kann man von hier aus eher als Industriegebiet kennenlernen. Einige Kilometer rheinaufwärts entdeckt man wieder ein historisches **Schloß: Beuggen,** das sich als ein hohes Haus mit Satteldach und Treppengiebel gleichsam aus dem Rhein erhebt. 1246 wurde das Schloß dem Deutschritterorden geschenkt und von da an stetig vergrößert. Nach mehrfachem Besitzerwechsel fiel die Schloß-Burg 1805 an Baden. Danach wurde sie als Lazarett, Lehrerseminar, Waisenhaus, Schule und schließlich als Pfarrhaus genutzt.

legt, 1494 die Oberburg ergänzt. Nach der Übergabe an den badischen Markgrafen und dem Bauernkrieg erlitt die Burg im Dreißigjährigen Krieg schwere Schäden. 1678 wurde sie von den Franzosen niedergebrannt. Im Sommer kann man die Festspiele besuchen, im Burggasthof einkehren und inmitten der gärtnerisch gepflegten Anlage von den wilden Ritterzeiten träumen.

Schopfheim

Um die Stadt (ca. 17 000 Einw.) zu erreichen, muß man den Rhein verlassen und ca. 7 km über die Landstraße nach Norden fahren. Schopfheim ist von mehreren Bun-

Schloß Reichenstein ▷

desstraßen umringt, und auch die Hauptstraße ist noch sehr belebt. Trotzdem wirkt der **Marktplatz** mit dem Rathaus, den Geschäften und Cafés recht ansprechend, viele Häuser vom Anfang des 19. Jh. vermitteln noch den Eindruck des heiteren Markgräfler-Stils. Die Stadt wurde um 1250 von Konrad von Rötteln gegründet.

In der Altstadt hinter dem Rathaus finden dann diejenigen, die vor der Belebtheit fliehen wollen, eine Oase der Ruhe. Inmitten der Bürgerhäuser, die im Kern noch mittelalterlich sind, erhebt sich die altehrwürdige gotische **Michaelskirche,** 1482 nach mehreren Bränden vollendet. Wandmalereien in der Höcklinkapelle im Innern stammen noch aus dem Jahr 1400.

7,5 km östlich von Schopfheim gelangt man über die B 518 nach Wehr, und von hier aus über einen Naturlehrpfad zur berühmten **Erdmannshöhle,** die man unbedingt mit einer Führung begehen sollte. Einen halben Kilometer lang führen die Wege durch das karstige Gestein, das überall Wasser durchtropfen läßt und über Jahrmillionen ›Tropfsteine‹ entstehen ließ. Die Einheimischen denken hier an die alten Volkssagen und Dichterworte von entschlafenen Fürsten, verirrten Gnomen und alten Rittern. Das Gebiet östlich, über dem malerischen Wehratal gelegen, hieß früher »Ödland«, denn die wenig ertragreichen Böden waren von Mooren und Heideflächen durchsetzt. Von Wehr aus kommt man in nur 5,5 km Entfernung über die B 518 an die Ufer des Rheins.

Bad Säckingen

Hier ist das Klima milder, fast südländisch, wenn man von den kühlen Schwarzwaldhöhen herunterkommt. Das erkennt man u. a. an der schönen **Kakteensammlung** im **Schloßpark,** wo imposante Nadelbäume bei Hitze Ausgleich schaffen und angenehme Düfte verbreiten. Am Rand erhebt sich ein alter **Turm,** der auf die Geschichte der heute 17 000 Einwohner zählenden Stadt hinweist. Der Turm ist ein Rest der Stadtbefestigung und geht auf das Jahr 1272 zurück. Während man nun an der Mauer dieses Gartens steht und auf den schwer dahinströmenden Rhein blickt, unweit von einer alten, überdachten **Holzbrücke** (16. Jh.) überspannt, schweifen die Gedanken noch tiefer in die Geschichte zurück.

Stadtgeschichte und Stadtrundgang

Schon Anfang des 6. Jh. gründete der irische Mönch Fridolin eine Klosterzelle auf der Rheininsel, wohl mitten in ältestem Siedlungsgebiet. Um 520 n. Chr. war das Christentum in der europäisch-römischen Welt noch bei weitem

Holzbrücke in Bad Säckingen

nicht etabliert. Doch das Kloster des Fridolin entwickelte sich zum Machtzentrum, vor allem seit der Titel der Äbtissin von 1307 an mit dem Titel der Reichsfürstin zusammenfiel und das Kloster so bis 1806 die Geschichte der Stadt bestimmte. Danach kam Säckingen zum Land Baden.

Das **Schloß** (17. Jh., 1908 renoviert), ehemals Wasserburg, liegt repräsentativ im Park und enthält Museen (auch im Nebengebäude) mit großen Trompetensammlungen, Funden aus Vor- und Frühgeschichte sowie einer Gedenkstätte an Viktor von Scheffel (1826–1886). Der im 19. Jh. berühmte Dichter kam 1849 als Beamter ins Bezirksamt von Säckingen. Hier betrieb er vielerlei Heimatforschungen. 1853 entstand sein »Trompeter von Säckingen«, eine Liebesgeschichte aus dem 17. Jh.: Die Ursula von Schönau heiratete den Burgtrompeter Werner Kirchhofer, allen Standesunterschieden zum Trotz und obwohl ihr Vater dagegen war. Zum Gedenken an diese bittersüße Liebesgeschichte wird auch heute noch an Sommerabenden vom Schloßbalkon die Trompete geblasen.

Weiter flußaufwärts liegt die schon erwähnte **Holzbrücke** mit der eindrucksvollen Balkenkonstruktion, die Touristen zu einem kurzen Spaziergang in die Schweiz (am anderen Ufer) verführt. Noch weiter flußaufwärts erstrecken sich der **Rathausplatz** und der **Markt-**

Der Schwarzwald grenzüberschreitend

EuroRegion Oberrhein, Oberrheinkonferenz (ORK), Interreg-Programme, TriRhena, REGIORAT, INFOBEST Palmrain, Internationale Koordinationsstelle (IKRB) – alles klar? Wenn nicht, dann frage man am besten nach in der INFOBEST Palmrain, der »Informations- und Beratungsstelle für grenzüberschreitende Fragen Oberrhein Süd«, im französischen Ort Huningue in der Nähe der schweizerischen Stadt Basel gelegen, untergebracht im ehemaligen Zollgebäude bei der Palmrainbrücke. Dort arbeiten ständig mindestens vier nette Damen und Herren vieler Nationalitäten, um interessierte Gruppen, Unternehmer, Kulturschaffende, Behörden, Vereine, Journalisten, Lehrer, Studierende, Forscher und Multiplikatoren über das Geflecht der Zusammenarbeit in einer Grenzregion zu informieren, die gar keine Grenzregion mehr ist.

Denn seit über 30 Jahren ist man dabei, die faszinierenden Gegensätze von Schwarzwaldeinsamkeit, weltstädtisch-schweizerischer Industrieregion und deutsch-französischer Grenze, wie sie bei Basel aufeinandertreffen, für eine internationale Zusammenarbeit fruchtbar

zu machen. Und dafür ist die Vision eines vereinten Europa die ideale Voraussetzung.

Man kann sich als Unternehmer oder Kulturschaffender eigentlich nichts Besseres vorstellen: Am südlichen oder westlichen Hang des Schwarzwalds, mit Blick auf die Alpen zu wohnen, zu Hause oder in einer nahegelegenen Ortschaft zu arbeiten, aber gleichzeitig alle Möglichkeiten einer mitteleuropäischen Weltstadt zur Verfügung zu haben. Öffentliche Verkehrsmittel mit einem einzigen Fahrschein zwischen Deutschland, Frankreich und der Schweiz; kurze Wege zum internationalen Flughafen, zu großen Bahnhöfen mit Schnellzuganschlüssen, oder, wenn es denn sein muß, zu Autobahnen; mehrere international operierende Postämter, ein interessanter Schiffahrtshafen mit zollfreien Zonen, alle möglichen Dienstleister, insbesondere Großbanken, mit internationalen Verbindungen; für die Freizeit höchstrangig besetzte Kulturprogramme und Ausstellungen, feinste Boutiquen, Restaurants und Straßencafés zum Flanieren auf großen Boulevards mit weltstädtischer Ausstrahlung – all das gibt es jetzt schon oder in naher Zukunft im Dreiländereck von Basel und Umgebung.

Firmen, Forscher oder Künstler, die dort auftreten, können mit einer international-europäisch denkenden Bevölkerung von ca. 2,1 Mio. Menschen rechnen. Die anrainenden Provinzen der Schweizer Kantone, des französischen Elsaß oder des deutschen Schwarzwalds bieten mit ihren Landschaftsschönheiten und ihrer Dörflichkeit einen idealen Naturausgleich zur Betriebsamkeit der Großstadt Basel.

Zu Beginn der 1960er Jahre entstanden die eingangs erwähnten Gremien, an denen hauptsächlich Politiker und Funktionäre aus dem Wirtschafts- und Kulturbereich beteiligt sind. Die Vielzahl dieser Gruppen und

Von Deutschland in die Schweiz: Rheinbrücke in Laufenburg

›Konferenzen‹ ließe sich noch erweitern, zählte man die lokalen »Regiogesellschaften« mit, z. B. die Freiburger Regio-Gesellschaft, die mit den Dreiländereck-Gremien zusammenarbeitet.

Wem das alles zu verwirrend ist, wenn er oder sie sich um die Förderung von Industrieansiedlungen im Oberrheingebiet kümmern will, die Umweltprobleme grenzüberschreitend anzugehen versucht, für kulturelle Projekte in allen drei Ländern Engagement wecken oder Jugendliche auch jenseits der Heimatgrenzen zusammenzubringen versucht und für all diese Ideen Gelder der Europäischen Union lokkermachen möchte, der wende sich an die **INFOBEST Palmrain** (s. S. 195).

platz mit vielen historischen Gebäuden, die das gesamte Bild der Innenstadt bestimmen. Um das zu genießen, sollte man zuerst eine Zeitlang die romantisch-verwinkelten Gassen durchstreifen und am Ende in einem Straßencafé am Marktplatz ausruhen.

Von hier aus hat man einen direkten Blick zum **Fridolinsmünster,** das 1380 geweiht und im 17. und 18. Jh. kunstvoll barockisiert wurde. Die Krypta ist ein Rest aus dem 10. Jh. Der zarte Stuck stammt aus der tonangebenden Wessobrunner Schule, die Deckengemälde von Franz Joseph Spiegler. Genial möchte man die Idee des Architekten nennen, auf beiden Seiten Achteck-Kapellen anzufügen, die als Gegenpol zum Kirchenschiff und dem großen Chor wirken und einen neuen Akzent für die Stadtbürger setzten. In der Münsterschatzkammer wird ein Silberschrein mit den Reliquien des hl. Fridolin aufbewahrt.

Laufenburg

10 km rheinaufwärts von Bad Säkkingen gelegen, kann Laufenburg mit diesem um das schönste Stadtbild ringen. Während es sich bei dem Badeort um eine reine ›Flußstadt‹ im Tal handelt, zentriert sich Laufenburg auf Hügeln beiderseits des Flusses. Einen weiteren Gegensatz bildet der mächtige, an dieser Stelle eng geführte Strom zum mittelalterlichen Kleinstadtidyll, das sich gedoppelt rechts- und linksrheinisch entfaltet. Mit der Rheinbrücke überschreitet man wiederum die Grenze zur Schweiz.

Der deutsche Teil geht auf eine römische Ansiedlung zurück und reizt den heutigen Besucher mit seinen schmalen Gassen, alten Häusern und winkeligen Treppenstiegen zu einer ausgiebigen Entdeckungstour. Ebenso mittelalterlich, aber mit einer breiten Fußgängerzone als Einkaufsstraße, präsentiert sich der schweizerische Teil (Paßkontrolle).

Ausflugstip: Basel (Schweiz)

An Basel, insbesondere an die baugeschichtlich wertvolle Altstadt, nähert man sich am besten vom Rhein aus an, der hier schon sehr majestätisch sein kurviges Bett in die Mitte der Altstadt schiebt. An heißen Sommertagen springen Jugendliche in den Fluß, lassen sich hinuntertreiben und kommen erfrischt wieder an Land; denn nach einigen aufsehenerregenden Chemieunfällen soll das Wasser nun vollkommen sauber sein.

Direkt südlich am Rheinufer erhebt sich der Münsterberg, dessen Besiedlung an dieser zentraleuropäischen Stelle bis zu den Kelten und Römern zurückreicht. Hier, abseits der Geschäftsstraßen mit vielen Cafés, Banken, Buchhandlungen, Boutiquen und Bars, steht das **Münster**, dessen karolingische Reste vor allem noch in der Krypta zu erkennen sind. Nach dem Jahr 1000 förderte Kaiser Heinrich II., am Portal mit seiner ebenfalls heiliggesprochenen Gemahlin Kunigunde dargestellt, einen Neubau. Neben den vielen alten Baudenkmälern – so das **Spalentor** in der Spalenvorstadt (14. Jh.) – ist das **Museum für Gegenwartskunst** (St. Alban-Rheinweg 60) ein echter Renner: experimentelle Stilrichtungen seit den 1960er Jahren. Weitere Höhepunkte moderner Kunst sind die neue **Fondation Beyeler** (Baselstr. 77), die Sammlung bedeutsamer Picassos im **Kunstmuseum** (St. Alban-Graben 16), der **Tinguely-Brunnen** des schweizerischen Bildhauers Jean Tinguely beim Stadttheater und das **Tinguely-Museum** (Grenznacher Str. 210). **Kunsthalle** (Steinenberg 7) und **Kunsthaus Baselland** (St. Jakob-Str. 170) zeigen hervorragende Wechselausstellungen. **Information:** Basel Tourismus, Schifflände 5, ✆ (00 41-61-) 2 68 68 68.

Route: ca. 80 km; 3–4 Tage. Es handelt sich hauptsächlich um schnelle Straßen in der Rheinebene.

Unterkunft (Auswahl) in Badenweiler: Hotel Römerbad, Schloßplatz 1, ✆ 076 32/700, Fax 702 00: Historistisches Haus (1825) der Luxusklasse mit altem Baumbestand; Hallen- und Freibad wurden schon von Friedrich Nietzsche, Thomas Mann und Andy Warhol aufgesucht. Villa Hedwig, Hotel am Kurpark, Römerstr. 10, ✆ 076 32/220, Fax 82 00 31: Jugendstil-Villa an einer exotischen Stelle des Parks, gegenüber der Therme.

... in Bad Säckingen: Hotel Goldener Knopf, Rathausplatz 9, ✆ 077 61/ 56 50, Fax 56 54 44: In dem sehr feinen Hotel am Rheinufer mit Terrasse stieg auch der Dichter Viktor von Scheffel ab. Hotel-Restaurant Kater Hiddigeigei, Tanzenplatz 1,✆ 077 61/40 55: Direkt am Schloßpark gelegen, z. T. noch original im Stil der 50er Jahre eingerichtet.

Essen und Trinken (Auswahl) in Schopfheim: Alte Stadtmühle, Entegaststr. 9, ✆ 076 22/24 46, Fax 67 50 50: Feine und preiswerte Küche. Weitere Restaurants: s. Unterkunftsverzeichnis.

Öffnungszeiten und Führungen in Badenweiler: Antike Baderuine, Kurpark: Führung März–Okt. Di 17, So 11.15 Uhr. Cassiopeia Therme, Thermalbad, Kaiserstr. 5, ✆ 076 32/79 90: Mo–Sa 8–21, So 9–19 Uhr.

... in Bad Säckingen: Hochrheinmuseum im Schloß: So, Di, Do 14–17 Uhr.

... in der Erdmannshöhle: Führungen Mai–Sept. tgl. 9–12 u. 14–17 Uhr.

... in Schloß Bürgeln bei Kandern: Führungen Mo–So 11, 14, 15, 16 und 17 Uhr.

Kandertalbahn

Kulturelle Veranstaltungen in Schliengen: Weinprobe bei der Ersten Markgräfler Winzergenossenschaft, s. Information.

Information in Badenweiler: Kur- und Touristik-GmbH, Ernst-Eisenlohr-Str. 4, 79410 Badenweiler, ✆ 076 32/721 10, Fax 721 70.

... in Bad Säckingen: Kurverwaltung, Waldshuter Str. 20, 79713 Bad Säckingen, ✆ 077 61/568 30, Fax 56 83 17.

... in Laufenburg: Kultur- und Verkehrsamt, Hauptstr. 30, 79725 Laufenburg, ✆ 077 63/806 51, Fax 806 25.

... in Schliengen: Bürgermeisteramt Schliengen, Wasserschloß Entenburg, 79418 Schliengen, ✆ 076 35/31 09 11.

... in Schopfheim: Verkehrsamt im Rathaus, Hauptstr. 21, 79650 Schopfheim, ✆ 076 22/39 61 45, Fax 39 62 02.

TIPS & ADRESSEN

Alle wichtigen Informationen rund ums Reisen – von Anreise bis Wintersport – auf einen Blick

INHALT

Bitte schreiben Sie uns, wenn sich etwas geändert hat.
Alle in diesem Buch enthaltenen Angaben wurden von den Autoren nach bestem Wissen erstellt und von ihnen und dem Verlag mit größtmöglicher Sorgfalt überprüft. Gleichwohl sind – wie wir im Sinne des Produkthaftungsrechts betonen müssen – inhaltliche Fehler nicht vollständig auszuschließen. Daher erfolgen die Angaben ohne jegliche Verpflichtung oder Garantie des Verlages oder der Autoren. Beide übernehmen keinerlei Verantwortung und Haftung für etwaige inhaltliche Unstimmigkeiten. Wir bitten dafür um Verständnis und werden Korrekturhinweise gerne aufgreifen:

DuMont Buchverlag, Postfach 10 10 45, 50450 Köln
E-Mail: reise@dumontverlag.de

REISEVORBEREITUNG UND ANREISE

Informationsstellen

Zentrale Informationsstelle:
Schwarzwald Tourismusverband
Info- u. Prospektservice
Yorckstr. 23, 79110 Freiburg
✆ 07 61/89 79 79 79
Fax 89 79 79 89
Öffnungszeiten:
Mo–Fr 9–18, Sa 9–13 Uhr
Hier erhält man auch weitere Adressen von zentralen oder lokalen Zimmervermittlungen, Fremdenverkehrs- oder Kulturämtern bzw. Prospekte über einzelne Orte und Sonderangebote. Fast jeder Ort mit eigener Gemeindeverwaltung druckt ungefähr jährlich einen eigenen Farbprospekt aus.

Informationen zu einzelnen Regionen:
Touristik
Nördlicher Schwarzwald e. V.
Postfach 100666
75106 Pforzheim
✆ 072 31/179 29, Fax 35 76 91
Schwarzwald Tourismus GmbH
(Mittlerer Schwarzwald/Ortenau)
Gerberstr. 8, 77652 Offenburg
✆ 0781/923 77 77, Fax 923 77 70
Schwarzwald Tourismus GmbH
(Mittlerer Schwarzwald)
Schwenninger Str. 3
78048 Villingen-Schwenningen
✆ 077 21/84 64 10, Fax 84 64 11
Tourismus Südlicher Schwarzwald
Ludwigstr. 23, 79081 Freiburg
✆ 07 61/218 73 04, Fax 218 75 34
INFOBEST Palmrain
Informations- und Beratungsstelle für grenzüberschreitende Fragen Oberrhein-Süd
Pont du Palmrain
F-68128 Village-Neuf
✆ 076 21/750 35, Fax 750 36

Karten

Für die Übersicht seien die Generalkarten 1:200 000, Nr. 21 und 24 empfohlen. Für Wanderer lassen die Regio-Cart-Blätter des RV-Verlags in Stuttgart im Maßstab 1:50 000 keinen Wunsch offen. Noch etwas genauer sind die Kompaß-Wanderkarten 1:30 000. Radfahrer greifen zur ADFC-Radtourenkarte 1:150 000 der Bielefelder Verlagsanstalt, Nr. 24. Der Neckar-Radweg ist sehr genau auf drei Karten des Verlags Dagmar Maacks, Pforzheim, im Maßstab 1:50000 dargestellt. Auch die Karten des Baden-Württembergischen Landesvermessungsamtes, Stuttgart, sind allgemein empfehlenswert, besonders die Blätter im Maßstab 1:25 000.

Die beste Gesamtübersicht bietet die Generalkarte, Großraum-Ausg. Blatt 6.

Reisezeit

Im Hochschwarzwald ist Wintersport von Dezember bis März normalerweise sehr gut möglich. Der Frühling kündigt sich vor allem im Rheintal meist sehr früh an, Ende Februar. Im Sommer wird es in der Oberrheinebene richtig heiß (35° C oder mehr), während das Mittelgebirgsklima der

Schwarzwaldhöhen für Erfrischung sorgt, weil die Temperaturen selten über 25° C ansteigen.

Literaturtips

Haubrich, H./Hug, W./Lange, H.: **Das große Buch vom Schwarzwald,** Stuttgart 1991.
Huffman, C. C./Mackowiack, P. (Hg.): **Der Wilde Süden tischt auf.** Streifzüge durch die regionale Küche Baden-Württembergs, Cadolzburg 1996.
Koziol, K.: **Badener und Württemberger.** Zwei ungleiche Brüder, Stuttgart 1987.
Krummer-Schroth, I.: **Der Südschwarzwald.** Gebirge zwischen Rhein und Donau, Amorbach 1974.
Miller, M./Taddey, G. (Hg.): **Baden-Württemberg,** 2. verb. u. erw. Aufl., Stuttgart 1980 (= Handbuch der historischen Stätten Deutschlands, Bd. 6).
Schaaf, B./Braun, G.: **Schwarzwalduhren,** Karlsruhe 1995.
Schnitzer, U.: **Schwarzwaldhäuser von gestern für die Landwirtschaft von morgen,** Stuttgart 1989 (Landesdenkmalamt Baden-Württemberg, Arbeitsheft 2).
Vorwerk, H. F./Spiegelhalter, E.: **Der Schwarzwald.** Eine deutsche Kulturlandschaft in Geschichte und Gegenwart, Freiburg 1992.
Wechssler, S.: **Der Nordschwarzwald.** Gebirge zwischen Rhein und Nagold, Amorbach 1979.

Anreise

Mit dem Auto
Der Schwarzwald ist über die A 5 (Frankfurt – Karlsruhe – Basel), die A 8 (Karlsruhe – Stuttgart) und die A 81 (Stuttgart – Singen) aus allen Richtungen anzufahren. Im Bereich Stuttgart, Karlsruhe oder Basel können zu Zeiten des Berufsverkehrs oder zu Beginn der Ferien in Nordrhein-Westfalen (in Südrichtung) Staus entstehen. Auch zahlreiche Bundesstraßen bieten eine gute Anfahrtsmöglichkeit.

Mit der Bahn
Karlsruhe, Baden-Baden, Pforzheim, Freiburg, Rottweil, Donaueschingen und Basel sind einige der vielen Bahnhöfe, von denen aus der Schwarzwald gut erreichbar ist. Bei diesen Bahnhöfen kann man sich auch über Sparpreise, Autoreisezüge, den Gepäckkurier oder Fahrradtransporte informieren. In Karlsruhe, Freiburg und Basel halten auch ICE-Züge, u. a. aus Hamburg, Zürich, Berlin und Bremen.

Mit dem Flugzeug
Im Norden von **Basel,** bei Blotzheim auf französischem Gebiet, befindet sich der internationale Flughafen Basel-Mulhouse. Eine zollfreie Straße führt von Basel aus dorthin.

Auch **Freiburg** verfügt über einen Flughafen für Verkehrsmaschinen. Auskunft im Lufthansa Citycenter, Herrenstraße 50–52, ✆ 07 61/ 38 80 40, Fax 388 04 30.

Baden-Baden verfügt im Stadtteil Oos über einen eigenen Flughafen, auf dem Flugzeuge bis zu 20 Tonnen landen können. Von dort bringen Zubringerdienste oder Lufttaxis die Reisenden auch zu den Flughäfen Straßburg, Basel, Stuttgart und Frankfurt.

In **Offenburg** besteht ein Flugplatz, der für Maschinen bis zu 5,7

Tonnen zugelassen ist. Von Offenburg aus gibt es einen Bustransfer zum Flughafen Straßburg.

Mit dem Fahrrad
Über die Flußtäler (Rhein, Neckar) und die dort beschilderten Radfernwege kann man den Schwarzwald gut anfahren, z. B. über den Rheintal-Radweg, den Breisgau-Weg, den Oberrhein-Kaiserstuhl-Radweg (s. a. unter Freiburg, S. 142).

Für Fahrten innerhalb des Gebirges sollte man ein Fahrrad mit Berggang (ein dritter, kleiner Zahnradkranz an den Pedalen) benützen.

UNTERWEGS IM SCHWARZWALD

Mit dem Auto
Die meisten Straßen sind leicht befahrbar, das ganze Gebirge ist sehr günstig, fast zu gut, für den Autoverkehr erschlossen. Im Winter, Spätherbst und Spätfrühling kann es Schwierigkeiten mit dem Schnee geben. Schilder, die auf Geschwindigkeitsbegrenzungen, Engstellen oder kurvenreiche Strecken hinweisen, sollte man sehr genau beachten, da überraschend schnell enge Kurven auftauchen können.

Mit der Bahn
Die Achertalbahn, Albtalbahn und Murgtalbahn, die Kandertalbahn, Sauschwänzlebahn (Wutachtal) oder die Schwarzwaldbahn sind romantische Museumseisenbahnen, deren Strecken durch malerische Landschaften führen. Eine allgemeine Reisezugauskunft (Ortsverbindungen!) erteilt die Deutsche Bahn unter ✆ 01 80/599 66 33.

Achertalbahn: Achern-Schwarzwald-Information, Hauptstr. 1, 77855 Achern, ✆ 078 41/292 99

Albtalbahn u. Murgtalbahn: Ulmer Eisenbahnfreunde, Tullastr. 30, 76344 Leopoldshafen, ✆ 072 47/212 30 od. 07 11/226 19 58

Kandertalbahn: Städtisches Verkehrsamt, Hauptstr. 18, 79400 Kandern, ✆ 076 26/899 60

Sauschwänzlebahn: Stadt Blumberg, Hauptstr. 97, 78170 Blumberg, ✆ 077 02/512 00

Schwarzwaldbahn: Städtische Kurverwaltung, Luisenstr. 10, 79098 Triberg, ✆ 077 22/95 32 31

Karlsruhe, Pforzheim, die Städte in Rhein- und Nagoldtal, aber auch die Kurbäder des Nördlichen Schwarzwaldes sind mit der Bahn gut zu erreichen. Über Dornstetten, Freudenstadt und Alpirsbach führt eine Bahnlinie bis nach Hausach. Hinterzarten, Neustadt, Titisee und Donaueschingen sind wichtige Bahnstationen und von Freiburg oder Stuttgart aus gut erreichbar. Auch Denzlingen, Waldkirch und Emmendingen haben einen Bahnhof.

Im Süden gibt es auch Bahnhöfe in Feldberg-Bärental, Bad Krozingen, Staufen und Waldshut. Wichtige Bahnstationen sind Rottweil und Villingen-Schwenningen, wo auch die Schwarzwald-Querverbindungen über Hausach nach Offenburg oder über Titisee-Neustadt nach Freiburg beginnen.

Mit dem Fahrrad

Viele Orte bieten überregionale Radtouren und Ausflüge in die nähere Umgebung an, häufig bewegt man sich auf beschilderten Radwegen. Diese sind aber oft mit (ruhigen) Autostraßen oder befestigten Wanderwegen identisch. Einer der schönsten Radwege des Schwarzwalds ist die Verbindung vom Titisee, zu dem man mit der Bahn hochfahren kann, hinunter nach Freiburg. Der Bahnhof Titisee-Neustadt ist überhaupt ein idealer Ausgangspunkt für Radtouren in alle Richtungen, zumal man die Routen auf Abfahrten abstimmen kann. Die Abfahrt über St. Blasien und das Albtal ist außergewöhnlich reizvoll. Auch Hausach ist ein guter Ausgangspunkt für eine Bahn-/Radtour. Speziell zu empfehlen ist die »Weinbergstrecke« von Kandern nach Offenburg, über Sulzburg, Staufen, Freiburg, Emmendingen, Ettenheim und Lahr – immer auf halber Höhe am Westhang den Rhein entlang. Von mehreren Fremdenverkehrsämtern wird ein Gepäcktransport angeboten. Informationen beim Schwarzwald Tourismusverband, s. S. 195.

Zu Fuß

Der Schwarzwald lädt ein zu Wanderungen in felsigen Bachtälern mit selten hohen Wasserfällen, hochgelegenen Blumenwiesen, durch einsame Wälder und zu verträumten Mühlen, kleinen Dörfern oder Städtchen, Waldkapellen, Seen und Lichtungen. Immer wieder gibt es Gasthäuser oder Vesperstuben und Lehrpfade.

Höhepunkte sind die Wanderungen durch die Wutachschlucht (s. Route 8) und die Höhenwege über den Schwarzwald. Diese führen auf Wiesen mit Weitblick bis zu den Alpen oder Vogesen, zu Weinbergen und Orten mit überragenden Stadtbildern bzw. Kulturschätzen. Vorbereitende Informationen beim:

Schwarzwaldverein
Schloßbergring 15, 79098 Freiburg
✆ 0761/38 05 30, Fax 380 53 20.
Der Verein gibt auch Wanderführer mit Karten über die von ihm markierten Hauptwanderwege heraus.

Für die Höhenwege empfehlen sich:

Dumler, H.: **Die schönsten Höhenwanderungen im Schwarzwald,** 2. überarb. Aufl., München 1987.
Irlinger, B.: **Wanderungen im Schwarzwald,** München 1994.
S. auch unter Karten S. 195.

Wandern in/im

... Allerheiligen: Rundwanderweg von der Ruine zu den Wasserfällen.

... Alpirsbach: Von Alpirsbach aus ist eine Radtour zum nördlich gelegenen Stausee Kleine Kinzig empfehlenswert, an die sich eine größere Rundtour durch den Wald anschließen kann.

... Bad Herrenalb: Rund um die Kurstadt gibt es eine Vielzahl an Wanderwegen, die u. a. auch nach Frauenalb führen. »Wandern ohne Gepäck« im Angebot: Tourismusbüro, ✆ 070 83/50 05 55.

... Bad Liebenzell: Romantische Wanderung durchs Monbachtal (nordöstl. v. Bad Liebenzell).

... Bad Wildbad: Wanderung über Schwarzwaldhöhen (15 km hin und zurück) von der Bergstation Sommerberg oberhalb Wildbads zum Wildseemoor bei Kaltenbronn (südwestl. von Wildbad). Auf den Sommerberg läßt sich mit der Standseilbahn fahren.

... **Bühl:** »Kapellenweg« bis hinauf zur »Schwarzwald-Hochstraße« und wieder zurück. Alte Kapellen in reizvoller Landschaft. Info: Tourist-Information Bühl, ✆ 072 23/93 53 32.

... **Forbach:** Wanderungen durch das Murgtal oder am Schwarzenbach-Stausee sind empfehlenswert.

... **Gernsbach:** Murgtal-Wanderweg (95 km lang), der an der Quelle der Murg auf dem Schliffkopf nordöstlich von Freudenstadt anfängt, durch Gernsbach verläuft und an der Mündung des Flusses in den Rhein nördlich von Rastatt endet.

... **Horb am Neckar:** Der »Horber Kultur- und Heimatpfad« (78 km lang) ist für sieben Tage konzipiert und führt zu allen kulturell wichtigen Plätzen in und um Horb.

... **Kinzigtal:** »Kinzigtäler Jakobusweg« (über 100 km lang), der an die mittelalterliche Wallfahrt nach Santiago de Compostela erinnert; in sechs Tagen zu bewältigen.

... **Ottenhöfen:** Mühlenrundweg (15 km lang), führt zu acht typischen Schwarzwälder Getreidemühlen und einer Hammerschmiede. Felsenrundweg (4 Std.) mit besonderen Felsformationen, Wanderschuhe erforderlich. Information: Tourist-Information Ottenhöfen, Allerheiligenstr. 2, ✆ 078 42/804 44.

... **St. Peter:** Kandel-Höhenweg Oberkirch-Freiburg (nach Freiburg 25 km), weißes K in roter Raute.

UNTERKÜNFTE UND RESTAURANTS

Hotels

Am Ende jeder Route sind jeweils einige Hotels empfohlen. Es wurden speziell feine sowie einzelne preiswerte, aber dennoch angenehme Häuser angeführt. Diese Häuser sind meist aus einem bestimmten Grund hervorgehoben, der in der Kurzcharakteristik angegeben wurde (Lage, Einrichtung oder ähnliches); denn eigentlich ist im Schwarzwald das Gros der Unterkünfte gepflegt und im Preis angemessen.

Ferienwohnungen

In fast allen Fremdenverkehrsorten werden günstige Ferienwohnungen für Familien angeboten. Prospekte, Preise und sonstige Bedingungen kann man über die bei den Routen genannten Touristeninformationsstellen erfragen. Ein Gesamtüberblick ist bei den zentralen Touristen-Informationsstellen (s. S. 195) erhältlich. Im Schwarzwald gibt es eine große Auswahl an Ferienwohnungen aller Preisklassen (von luxuriös bis »Ferien auf dem Bauernhof«).

Berghütten und Bergvesperstuben

Vor allem im Süd- und Hochschwarzwald kann man viele Berghütten mit Übernachtungsmöglichkeit bzw. ›Restaurant‹ für Brotzeiten, Vespern genannt, finden. Viele lassen sich auch mit dem Auto anfahren. Adressen, Telefonnummern, Lage usw. sind über die Wanderführer des Schwarzwaldvereins erfahrbar. Vor der Ankunft sollte man sich telefonisch einen Übernachtungsplatz reservieren.

Ein gutes Verzeichnis gibt es von Klaus-Jürgen Grosse: **Schwarzwälder Bergvesperstuben,** Grosse-Verlag, Emmendingen, ✆ 07 41/41 66 37.

Camping in
... Achern:
Campingplatz Am Achernsee
✆ 078 41/252 53, Fax 252 53
... Alpirsbach:
Campingplatz Ehlenbogen
Untere Mühle 1
✆ 074 44/63 21
... Altensteig:
Schwarzwald-Camping im Nagoldtal (Richtung Erzgrube)
✆ 074 53/84 15
... Bad Herrenalb:
Campingplatz Jungbrunnen
Schwimmbadstr. 19
✆ 070 83/22 16
... Bad Krozingen:
Camping im Münstertal (8 km entfernt)
✆ 076 36/353, Fax 74 48
... Bad Liebenzell:
Campingpark Bad Liebenzell
Pforzheimer Str. 40
✆ 070 52/404 30
... Bad Peterstal-Griesbach:
Schwarzwald-Camping Traier Mühle
✆ 078 06/80 64
... Bad Rippoldsau-Schapbach:
Schwarzwald-Camping Alisehof
✆ 078 39/203, Fax 12 63
... Bad Wildbad:
Campingplatz Kälbermühle
✆ 070 85/73 53, Fax 10 43
... Baiersbronn:
Campingplatz Baiersbronn-Obertal
Ruhesteinstr. 413
✆ 074 49/212
... Bernau:
Jugendzeltplatz »Wacht«
Buchung über die Touristinformation, ✆ 076 75/16 00 30. Der Platz liegt an einem Weiher, daneben gibt es eine Hütte mit Strom, Wasser, Duschen, Toiletten, Aufenthaltsraum.
... Bonndorf:
Zeltplatzschule Öttiswald (Bildungszentrum)
✆ 077 03/935 80
Zur Jugend- und Umwelterziehung, mit fachkundiger Betreuung, ausgezeichnet mit dem baden-württembergischen Naturschutzpreis.
... Bräunlingen-Kirnbergsee:
Seestr. 15
✆ 076 54/75 10, Fax 92 18 44
Am Kirnbergsee: Badegelegenheit, Wassersport (außer Motorboot), Angeln.
... Bühl:
Campingplatz Adam
Bühl-Oberbruch
✆ 072 23/231 94, Fax 89 82
... Calw:
Campingplatz Weidensteige
✆ 070 51/128 45, Fax 204 38
... Dornstetten:
Königskanzel Hallwangen
✆ 074 43/67 30, Fax 45 74
... Enzklösterle:
Campingplatz Müllerwiese
✆ 070 85/74 85
... Ettenheim:
Campingplatz Oase
Mühlenweg 34
✆ 078 22/98 81, Fax 44 59 19
... Forbach:
Campingplatz Erbersbronn
✆ 072 28/774, Fax 715

... Freiburg:
Hirzberg
Kartäuserstr. 99
✆ 07 61/350 54, Fax 28 92 12
Ganzjährig geöffnet, am Schloßberg nahe der Altstadt.
... Freudenstadt:
Camping Langenwald
Straßburger Str. 167
✆ 074 41/28 62
... Horb am Neckar:
Camping Schüttehof
✆ 074 51/39 51, Fax 13 48
... Nagold:
Campingplatz Nagold
Calwer Str. 119
✆ 074 52/26 08
... Neubulach:
Kur/Camping Erbenwald
Liebelsberg
✆ 070 53/73 82
... Ottenhöfen:
Campingplatz Murhof
✆ 078 42/16 70
... St. Peter:
Campingplatz Steingrubenhof
✆ 076 60/210, Fax 16 04
Ganzjährig geöffnet.
... Schiltach:
Bahnhofstr. 6
✆ 078 36/72 89, Fax 74 66
... Schluchsee:
Campingplatz Wolfsgrund
✆ 076 56/77 32, Fax 77 59
Sehr gut ausgestattet, mit Restaurant und Badestrand.
... Waldshut:
Rhein-Camping
✆ 077 51/31 52, Fax 32 52

Restaurants
Im Schwarzwald gibt es eine große Zahl hervorragender Restaurants für Feinschmecker. Die Schwarzwaldstube in Baiersbronn gilt als eines der besten Restaurants Deutschlands. Aber auch die Restaurants mit durchschnittlichen Preisen – häufig am Ende der Routen empfohlen – bieten gute, deftige Hausmannskost, z. T. mit Gewürzen und Kräutern verfeinert.

REISEHÖHEPUNKTE

- Klosterruine Hirsau
- Hessestadt Calw
- Bergort Zavelstein
- Schloß Ettlingen und Schloß Favorite
- Kurstadt Baden-Baden
- Kirchenruine von Frauenalb
- Zur Kur ins Wildbad
- Auf die Stadthügel von Altensteig und Horb am Neckar
- Der quadratische Grundriß von Freudenstadt
- Klosterreichenbach im Murgtal
- Die Stille Allerheiligens
- Barocke Formen in Offenburg
- Die Abgeschiedenheit Kloster Wittichens
- Mittelalter in Alpirsbach
- Gotik in Rottweil
- Feste in Villingen
- Stadtbummel und Besichtigungen in Freiburg
- Der Rhein bei Breisach
- Drachenfliegen am Kandel

- Spaziergang am Hirschsprung
- Baden und Cocktail-Schlürfen in Titisee
- Naturerlebnis Wutachschlucht
- Musik, Malerei und Schloßpark in Donaueschingen
- Eine Fahrt mit der »Sauschwänzlebahn«
- Klosterpracht St. Blasien
- Auf Fausts Spuren in Staufen
- Romanik in der Krypta von St. Cyriakus
- Höhenwanderungen mit Alpenblick über Feldberg oder Belchen
- Römer, Wein und Bäder in Badenweiler
- Spaziergang über die hölzerne Rheinbrücke in Bad Säckingen
- Waldabfahrt nach Laufenburg am Rhein

REISEINFORMATIONEN VON A BIS Z

Aussichtsberge

Die höchsten Berge sind Feldberg (1493 m), Belchen (1414 m), Herzogenhorn (1415 m), Schauinsland (1284 m) und Hornisgrinde (1164 m). Auf den Schauinsland führt von Freiburg aus eine Kabinenbahn.

Baden

In den Kurorten gibt es sehr gut ausgestattete Badeanlagen in Hallenbädern und Außenanlagen. Schluchsee und Titisee bieten Strandbäder an natürlichen Gewässern. Taucherbrille und vor allem Schwimmflossen sollte man auf keinen Fall vergessen.

Bergwerke

Interessante historische Schaubergwerke (Erz- und Silberbergbau) können Reisende in Freudenstadt, Münstertal, Neubulach, Neuenbürg und Wieden besichtigen.

Europäische Union

Informationen über Projekte der Europäischen Union (Jugendaustausch, Drogenbekämpfung, Sport-, Bildungs- und Kulturprogramme) erhält man über **INFOBEST Palmrain** (s. S. 195).

Europa-Park

In Rust an der A 5 zwischen Karlsruhe und Basel, Ausfahrt Ettenheim, gibt es einen riesigen Freizeitpark mit verschiedensten Shows und Vorführungen, mit einem Disneyland vergleichbar.

Europa-Park Rust
Postfach 1229
77977 Rust
✆ 078 22/770, Fax 77 62 77

Fahrräder

An vielen Bahnhöfen im Schwarzwald oder an seinem Rand kann man Fahrräder mieten oder auch sein Gepäck über das Gebirge bringen lassen.

Fliegen

Drachen-, Ballon- oder Gleitschirmfliegen bzw. Fallschirmspringen sind u. a. in Villingen und am Feldberg möglich. Über spezielle Angebote kann man sich bei den Fremdenverkehrsämtern der Bergorte informieren.

Freilichttheater

Am bekanntesten sind wahrscheinlich die Freilichtbühnen in Hornberg und Villingen. Besonders schöne Freilichtbühnen gibt es auch auf der Burg Rötteln, in Hirsau und im Schloß Ettlingen.

Glashütten, Glasbläsereien

In Alpirsbach, im Höllental, in Feldberg-Altglashütten und in Wolfach gibt es die Möglichkeit, Glas zu kaufen oder den aufregenden Produktionsvorgang (Glasblasen am Feuer) zu beobachten.

Golf

Golfplätze gibt es in den Badeorten Herrenalb (9 Loch), Dürrheim (18), Liebenzell (18), Säckingen/Rickenbach (9), Baden-Baden (18), Badenweiler/Neuenburg-Chalampé (18) sowie in Donaueschingen (18), Kirchzarten (18), Munzingen (11 bzw. 18), Freudenstadt (18), Gutach/Breisgau (9), Lahr/Reichenbach (9), Kandern (9), Königsfeld (18) und Stühlingen (9 bzw. 18 Loch).

Jugendherbergen

Die ungefähr 40 Jugendherbergen im Schwarzwald verfügen meist über einen recht hohen Standard. Auskunft:
Landesverband Baden des Deutschen Jugendherbergswerks
Weinweg 43
76137 Karlsruhe
✆ 07 21/96 21 00, Fax 61 34 70
Landesverband Schwaben
Schwieberdinger Str. 62
70435 Stuttgart
✆ 07 11/16 68 60, Fax 166 86 30

Zu empfehlen sind die Jugendherbergen in
... Alpirsbach:
Reinerzauer Steige 80
✆ 074 44/24 77, Fax 13 04
... Baden-Baden:
Hardbergstr. 34
✆ 072 21/522 23, Fax 600 12
... Bonndorf:
Waldallee 27
✆ 077 03/359, Fax 16 86
Mit Freizeitanlage und Hallenbad ausgestattet.
Schullandheim, Steinabad 1
✆ 077 03/93 46 80, Fax 934 68 36
Schönes Haus im Grünen, mit Sportanlagen.
... Dornstetten:
Jugendherberge Pfahlberg
Auf dem Pfahlberg 39
✆ 074 43/64 69, Fax 202 12
... Feldberg-Altglashütten:
Hebelhof
Paßhöhe, Feldberg-Ort
✆ 076 76/221

... Forbach:
Jugendherberge Heinz Köbele
Haus Nr. 33
Forbach-Herrenwies
✆ 072 26/257, Fax 13 18
... Freiburg:
Kartäuserstr. 151
✆ 07 61/676 56, Fax 603 67
Altes Haus am Wald, modern renoviert, ca. 40 Min. zu Fuß an der Dreisam entlang zur Altstadt.
... Freudenstadt:
Eugen-Nägele-Str. 69
✆ 074 41/77 20, Fax 857 88
... Ortenberg:
Schloß Ortenberg
Burgweg 21
✆ 07 81/317 49, Fax 948 10 31
... Pforzheim:
Burg Rabeneck
Kräheneckstr. 4
✆ 072 31/97 26 60, Fax 97 26 61
... Schluchsee:
Jugendherberge Schluchsee
Im Wolfsgrund
✆ 076 56/329, Fax 92 37
Jugendherberge Seebrugg
✆ 076 56/494, Fax 18 89
Beide in Seenähe.
... Titisee-Neustadt:
»Rudenberg«
✆ 076 51/73 60, Fax 42 99
»Veltishof«
✆ 076 52/238, Fax 756

Kanu- und Kajakfahren

Für dieses Hobby gibt es mehrere Möglichkeiten in den Wildwasserbächen des Schwarzwalds, z. B. in Bad Liebenzell, Bad Rippoldsau, Baiersbronn, Bühlertal, Enzklösterle, Forbach, Furtwangen, Rastatt und Rottweil.

Klettern

Das Klettern ist im Schwarzwald speziell deshalb reizvoll, weil man nicht mit so plötzlichen und gravierenden Wetterumstürzen rechnen muß, wie es in den Alpen der Fall ist. Andererseits kann man sich an höchsten Schwierigkeitsgraden beweisen.

Informationen über die Klettermöglichkeiten erhält man u. a. bei den Fremdenverkehrsämtern in Feldberg, Oberried, Todtnau oder zentral in Freiburg (s. 195).

Kuren

Kuren sind in folgenden Kurorten möglich: Badenweiler, Baden-Baden, Bad Herrenalb, Bad Krozingen, Bad Liebenzell, Bad Peterstal-Griesbach, Bad Rippoldsau-Schapbach, Bad Säckingen, Bad Teinach, Bad Wildbad, Hinterzarten, Neubulach, Titisee, Triberg, s. Praktische Informationen zu den einzelnen Routen.

Recht Amüsantes über den Kurbetrieb in Baden-Baden läßt sich bei Mark Twain (1835–1910) nachlesen. Der amerikanische Erzähler beschreibt die Stadt und den Schwarzwald in zwei Kapiteln seines »Bummels durch Europa«. Auch Bad Wildbad kam schon zu Prosa-Ehren: »In Wildbad war soeben die Badesaison des Jahres 1832 eröffnet worden«, beginnt ein Krimi des viktorianisch-englischen Autors Wilkie Collins (1824–62). Und bei Ludwig Uhland (1787–1862) heißt es in seinem Gedicht »Der Überfall in Wildbad«, Teil der Balade »Graf Eberhart der Rauschebart«: »Ins Wildbad will er reisen, wo heiß ein Quelle entspringt«.

Lehrpfade

Insbesondere Lehrer mit Schulklassen können im Schwarzwald ein Quartier für mehrtägige Aufenthalte finden, wo es einen speziellen Lehrpfad für bestimmte Lernziele gibt. Zu diesem Zweck sollte man vorher in Freiburg bei der zentralen Touristeninformation nachfragen.

Empfehlenswert wären folgende Anlagen: Bergbaulehrpfad, Todtnauer Ferienland; Naturlehrpfad, Villingen und Wutach; Politik-Lehrpfad, Schliengen; Rheinuferweg, Laufenburg/Baden; Waldlehrpfad, Schönau und Villingen; Weinlehrpfad, Müllheim, Schliengen u. a.

Mühlen

Diese ›Industriedenkmäler‹ sind für die Schwarzwald-Romantik typisch. Besichtigen kann man sie u. a. zwischen Bad Herrenalb und Loffenau, in Waldachtal-Lützenhardt, im Zinsbachtal bei Altensteig (Kohlsägemühle), bei Ottenhöfen, Tennenbronn, Furtwangen, Albbruck, Grafenhausen, Stühlingen, Elzach-Oberprechtal.

Planwagenfahren

Diese nostalgische Art der Fortbewegung gibt es in Altensteig, Bad Rippoldsau, Badenweiler, Baiersbronn, Bühlertal und Freudenstadt.

Reiten

Es gibt eine große Zahl von Möglichkeiten, im Schwarzwald Reitausflüge zu unternehmen oder Reiterferien zu verbringen. Fast in jedem Fremdenverkehrsort kann man hierzu Auskünfte erhalten. Ein eigenes Verzeichnis kann man beim zentralen Fremdenverkehrsverband in Freiburg anfordern.

Schiffahrt

Für die Personenschiffahrt gibt es Anlegestellen in Bad Säckingen, Breisach, Karlsruhe, Kehl, Laufenburg, Sasbach a. Rhein, Waldshut-Tiengen. Außerdem kann man Schiffsrundfahrten auf dem Schluchsee und dem Titisee unternehmen.

Schnapsbrennereien

Die bekannten Obstschnapsbrennereien, für die der Schwarzwald berühmt ist, befinden sich u. a. im Markgräflerland, in Oberkirch, Staufen, Freudenstadt und Münstertal.

Tauchen

In den Orten Waldbronn, Bad Rippoldsau, Schluchsee und Villingen können Tauchschulen besucht werden. Zur Grundausrüstung gehören zumindest eine Taucherbrille, Schnorchel und Schwimmflossen.

Weinfeste und Weinkollegs

Jährlich werden an der Westseite des Schwarzwalds Veranstaltungen zum Thema Wein angeboten: Am letzten Wochenende im Juni die Freiburger Weintage, am letzten Wochenende im Juli das Markgräfler Weinfest (in Staufen), am dritten Wochenende im August das Breisgauer Weinfest (in Emmendingen), am letzten Augustwochenende das Kaiserstuhl-Tuniberg-Weinfest (in Breisach), am letzten Wochenende im September das Ortenauer Weinfest (in Offenburg).

Informationen über Weinkollegs:
Badischer Weinbauverband e. V.
Postfach 275
79002 Freiburg
✆ 07 61/45 91 00, Fax 40 80 26

Außerdem gibt es noch eine große Zahl von Weinmärkten und Weinmessen.

Wintersport

Der Schwarzwald ist besonders im Süden ein beliebtes Wintersportgebiet. Als besonders schneesicher gilt die Region um den Feldberg; als relativ schneesicher ist auch der Einzugsbereich der »Schwarzwald-Hochstraße« einzuordnen. In den Tälern ist dagegen nicht immer mit idealen Schneeverhältnissen zu rechnen.

Mit 350 Loipen steht Langläufern im Schwarzwald eines der ergiebigsten Gebiete Deutschlands zur Verfügung. Loipenverzeichnisse und entsprechende Servicestationen sind bei den örtlichen Fremdenverkehrsbüros zu erfragen. Beim Schwarzwald Tourismusverband (s. S. 195) gibt es Wintersportbroschüren zu Langlauf, alpinem Skisport, Eis-, Rodelbahnen oder Sprungschanzen.

Und wer es romantisch liebt, kann außerdem mit dem Pferdeschlitten durch die verschneite Landschaft fahren oder den eisstarren Triberger Wasserfall besuchen.

ABBILDUNGSNACHWEIS

artic, Duisburg/Karlsruhe: Karten und Stadtpläne

Josef Bieker, Dortmund: S. 141, 144/145, 162, 173
Burda-Verlag, München: S. 101
Clemens Emmler/laif, Köln: Titelbild
Andreas Gerth, Basel: Vignette, S. 29, 37, 76, 90/91, 115, 152, 170, Umschlagklappe hinten
Peter Hirth/transit, Leipzig: S. 43

Ralf Freyer, Freiburg: alle übrigen Fotos

REGISTER

Personenregister

Ortsregister

Paris
Die schönsten Restaurants
Reiseführer
DUMONT visuell

London
Reiseführer
DUMONT visuell

New York
Reiseführer
DUMONT visuell

Thailand
Reiseführer
DUMONT visuell

Wien
Reiseführer
DUMONT visuell

Venedig
Reiseführer
DUMONT visuell